一生不可錯過的世界奇景

亞非篇

Wonders of the World

任亦斌 主編

日全蝕時的銀河系
NASA／美國太空總署

玻利尼西亞潟湖
Jean-Marc Truchet／吉恩-馬克・特拉切特

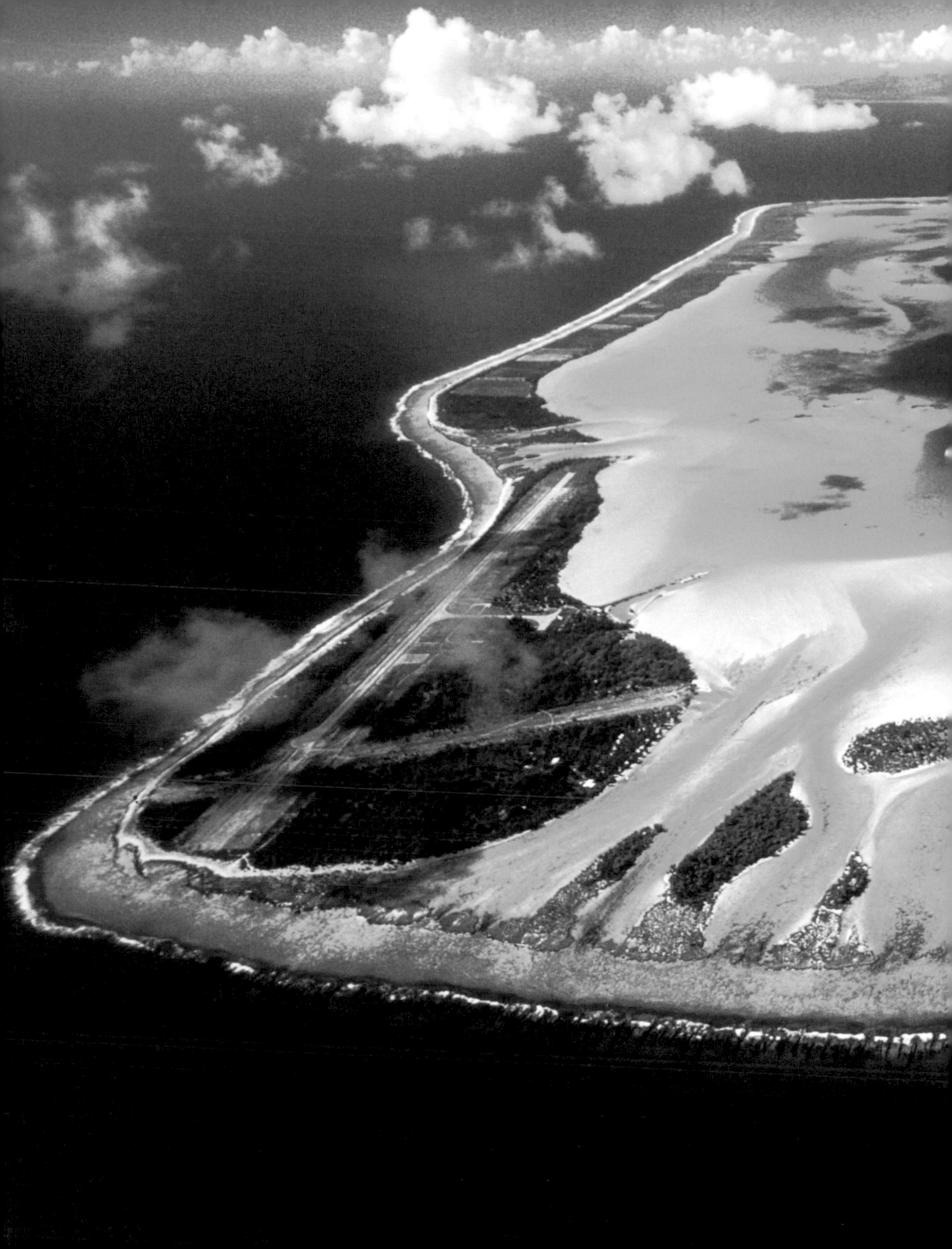

塞倫蓋蒂大平原遷徙的角馬
Manoj Shah／曼奴・沙

CONTENTS

一生不可錯過的世界奇景（亞非篇）

CHAPTER 1 造化之物

序文

是因爲人類的整個記憶太渺小嗎？即使是恐龍時代，對於我們也是太遙遠了。以至於那些根本經不起以光年來計算的里程，對人類來說也顯得神秘莫測。更何況半徑達一三七億光年的洪荒宇宙，它給予人類的驚怵、疑惑、想像以及思考，正如宇宙本身的膨脹和延伸，不知何處是盡頭。

從宇宙塵埃中，科學家們找到了生命起源的資訊；在沒有邊際的宇宙中，這樣的資訊也許會使人類不至於太孤獨，只是生命起源的眞正奧秘，定會令人類迄今最富想像力的設想都顯得相形見絀。這當然不是說，人類在面對地球上山川河海的離奇景觀時所發出的驚嘆就毫無必要，人類有自己的「立場」，自然也就有自己心目中的「偉大」。在這些偉大景觀面前，無數人無數次地深深折服。折服實際上是對自身存在的確認，也是一種內在的自省，使心靈不至於太盲目，信仰也似乎更加清晰。

那麼人類自身創造的奇蹟又算什麼呢？是對「偉大」的模仿麼？那些記載著歷史的城垣，那些匯集著哀樂悲歡的聖殿，還有那些折射著心靈指向的塔林，典型的遺存映照著人類典型的往昔，鐫刻上的不僅是抹不去的時間印痕，更有一種綿延千年的情愫，冥冥中，在今天的人群裡仍在閃爍和感應。

我們該做些什麼？又能做些什麼？不過是感動與驚嘆之後，融入無形的宇宙大記憶。

隔水相望吳哥窟
Glen Allison／格倫·阿利森

造化之物

CHAPTER 1

WONDERS OF THE WORLD

喜馬拉雅山脈

Himalayas

清淨聖潔的世界屋脊 她，高雅典麗；她，無情卻似多情。多少人深埋在她的胸懷，只為看她一眼；又有多少幸而親近的人，沈淪其中。女神之所以難能親近，正因她的多變，正因感動那剎那即是永恆。

神秘、神奇、聖潔、清靜，將這些美麗的辭彙加在喜馬拉雅山脈身上，有誰會反對呢？還有那爲了一睹其眞容而不可少的長途跋涉，爲了攀登其高峰而體驗的艱難驚險，又有誰能否認呢？是的，即使不必一步一投地，要接近喜馬拉雅，你心底的虔誠與敬畏無論如何也是不可缺少的了。

世界「第三極」、「世界屋脊」等美名如今在全世界是婦孺皆知了，喜馬拉雅山脈以其雄偉的英姿和強勁的生命力，在高高的雲端之上，俯視著人間，不懼天老地荒。

喜馬拉雅山脈分佈在中國、巴基斯坦、印度、尼泊爾、不丹境內。綿延二千四百多公里，形成一個近似東西向的大弧形，隔開印度及青藏高原，其主要部分在中國與印度、尼泊爾的交界線上。它包含了許多平行的山脈，從南至北有錫伐利克山脈、小喜馬拉雅山脈、大喜馬拉雅山脈等等，寬二百至三百公里，平均海拔在六千公尺以上。這裡多的是超高的峰巒，七千公尺以上的就有四十多座，超過八千公尺的也有十六座之多。如果將全世界的山脈緊挨著比高，喜馬拉雅山脈也是當之無愧的萬山之王。

安納布林納峰

Waters & Spiegel／沃特爾、斯皮格爾

在天氣晴好的黃昏時分，時常能看到海拔 8091 公尺的安納布林納峰峰頂的雲彩和染山霞相互輝映的美妙景觀。不過情況會在瞬間發生劇變，連續幾天漫天飛舞的風雪會使這一景象成為短暫的記憶。

世界第一高峰珠穆朗瑪峰海拔八八四八公尺，聳立在中國和尼泊爾的邊界上。珠穆朗瑪，藏語意爲「第三女神」；它是名副其實的「地球之巔」。其山體呈巨型金字塔狀，地形險峻，環境複雜，山脊和峭壁間分佈著總面積達一五〇〇平方公里的各種類型冰河，冰河之上更有千姿百態、瑰麗罕見的冰塔林。從飛機上，從彩圖裡，從電影中，人們所見的珠穆朗瑪，永遠是一副湛藍天幕下銀白耀眼的千古雪域模樣。

在古老的地質時代，整個喜馬拉雅山脈以及附近遼闊的地域還是大海之一隅，大約從新生代的第三世晚期開始，海下深處的岩層受強烈的喜馬拉雅造山運動的影響，崛起滄海，橫空出世，逐漸上升成爲最高、最年輕的「世界屋脊」。據科學家測定，珠峰現在仍以平均每年三．二至十二．七公厘的速度不斷上升，繼續刷新它自己所保持著的世界最高記錄。

星不耀心自追，渴望的目光怎能抵擋那偉岸，那壯美。多少年來，喜馬拉雅山脈的高峰吸引了多少勇士前仆後繼前來攀登，那是人類壯志與天之造物的較量，生死往往繫於刹那間。多少夢想永遠埋葬在突然崩塌的冰雪之下，然而，又有多少決誓征服的團隊向著頂峰繼續前進。

它的背後，竟也有獨具的清秀與優雅。雪線以下，有一處被稱作「喜馬拉雅山中的樂園」的春丕河谷，這裡綠松密布，雲霧繚繞；山麓水邊，桃紅柳綠；木蓮和石榴花叢叢點點，草地上各色繁花更是開得如毯似錦；蝴蝶飛舞，和風習習，一派山青水秀的迷人風光。在這裡，土著居民臉上已經沒有了特殊的高原紅，而是江南慣見的纖細和白潤。

珠穆朗瑪峰

Chris Noble／克里斯．諾布林

從尼泊爾昆布地區看到的是珠穆朗瑪峰的西側，山峰被落日餘暉鍍上了黃金的色彩。一直以來，當地的夏爾巴人稱珠穆朗瑪峰為「世界之聖母」，堵在他們面前的大山成了信仰的象徵。1953年，丹增和埃德蒙．希拉里爵士創下了人類史上第一次成功攀登這座世界第一高峰的記錄。無所謂「征服」，人們看到的是它真切的偉岸。

攀牙灣

Phang-Nga Bay

秀外慧中的水墨魅力

「山窮水複疑無路」，在平凡之中，奇與美就暗藏在柳暗花明處。

攀牙灣，位於泰國南部大陸的世外桃源——普吉島東北角七十五公里處，它是由數以百計的石灰岩地貌組成的海灣，屬普吉島及周邊地區風景最爲美麗的地方。

從普吉島前往攀牙灣的旅途沿岸，有佛廟洞和隱士洞兩個石灰岩洞：前者洞內面積寬廣，有各式千奇百怪的石筍和耀眼的白色鐘乳石，有的入口處還有一支彎曲細長的石筍。青綠色的鐘乳石從穴頂垂瀉下來，就像一簾簾冰凍的瀑布，有許多泰國電影都在這裡拍攝外景。還有些石灰岩崖壁上覆蓋著許多原始圖畫，上面繪有樸拙的人物、動物和魚類，放射出原始的美感。隱士洞規模更大，由數十個山峰的底部串連而成，洞內流水淙淙，既神秘又壯觀。

如果你駕船駛過靜靜的草綠色的海面，經過兩岸茂盛的紅樹林後，眼前便豁然開朗：在一望無際的海洋中，形狀怪異的島嶼打破了海天一色的平衡，爲平靜注入了鮮活的靈氣，這便是攀牙灣。波光粼粼，呈淡綠色的海灣水面上，亂石嶙峋，景象萬千。各種石灰岩的奇峰怪石星羅棋佈，或

詹姆士．龐德島
Paul Chesley／保羅．切斯雷

1974年詹姆斯．龐德的電影《金鎗人》曾以這一鐵釘形的石島為背景，此島遂得名為「詹姆士．龐德島」。如今，詹姆士．龐德島已成為攀牙灣的標誌性景點。

蜂窩形石島
John & Lisa Merrill／約翰、莉薩．梅里爾

奇異的蜂窩形石島在攀牙灣矗立成林，這些石島都由石灰岩構成，有些高度達300公尺。

如羊角般突出水面，或如駝峰，或如鋸齒，或如倒置栽種的蕪菁，各具美態。近百座大小島嶼，散佈在風平浪靜的海面上，宛如蓬萊仙境，又彷彿一幅幅立體的中國水墨畫。因此，攀牙灣又被稱爲泰國的「小桂林」，值得鍾情東方趣味的旅遊家畢生珍藏。其中，詹姆士·龐德島、鐵釘島、鍾乳島石洞更以其天然奇景而名噪海外。

攀牙灣山峰聳峙，海景如畫，風光雄渾壯麗。屏干島（Ko Ping Gan），由兩面山峰傾斜地相疊一起，呈倒V字形，山壁如削，平滑如鏡。陶島（Ko Tau），形狀像鐵釘一樣插在海底，高約三十多公尺，由於受海水的侵蝕而上闊下窄，狼牙棒似的頭大後細的山峰，傲然兀立於壯闊的海面上，直指雲天，氣勢昂揚。

乘上修長的獨木舟，划著槳慢慢前進，穿過黑暗的水道，尋找深藏的岩洞，你會感受到一種前所未有的探險的興奮。高高昂起的船頭紮著鮮花或者彩帶劈波而行，像是在浪尖上舞蹈。沿途看那水中形態各異的小山和神奇的紅樹林，彷彿人在畫中游。而每每讓人驚奇的是洞中有洞，「山窮水複疑無路」時卻又「柳暗花明又一村」，外觀平實的海島卻有秀麗的內質。

泛舟穿行於岩石狹窄的縫隙中，觀賞突起於平靜水面的獨塊巨岩，生機勃勃的紅樹林等構成的一幅幅天然風景畫，深入畫幅中的深幽處，遊覽攀牙灣天然奇景，無疑是不堪物欲羈縛的人們最瀟灑的選擇。

加拉帕戈斯群島

Galapagos Islands

倍受呵護的獨特生態圈

一座島，達爾文，烏龜，鳥，帶動一頁燦爛的人類演化史……

加拉帕戈斯群島（又名科隆群島）位於南美洲西北部海岸外九七〇公里處的東太平洋赤道海域，由伊莎貝拉、聖克魯斯、聖克里斯托瓦爾等九個較大島嶼和許多小島、岩礁組成，陸地面積約八千平方公里，人口約一萬人。這是一個無與倫比的世界，嶙峋的火山岩石，悠然生存的動物，絢爛美麗的景觀以及自然純淨的空氣，爲每一個親臨者奉上了最厚重的贈禮。

一五三五年，西班牙殖民者首先發現了這些荒無人煙的島嶼，見島上有許多巨龜，便取名爲「加拉帕戈」，意即「龜島」。其後兩三百年中，這些島嶼依然默默無聞。命中注定，它們期待著一位名冠古今的博物學家的到來。一八三五年秋，達爾文隨海軍勘探船「貝格爾」號作爲期五年的環球旅行而踏上了加拉帕戈斯群島。經過一個多月的實地調查考察，達爾文不僅在島上發現了大量世界上罕見的珍奇動植物，而且進一步認識到物種變異規律，爲其日後提出以物競天擇爲基礎的生物進化理論以及出版巨著《物種起源》奠定了基礎，加拉帕戈斯群島從此揚名天下。一八三二年，群島歸屬厄瓜多爾版圖，後來，政府便宣佈在此建立國家公園，範圍擴及群島總面積的百分之九十六以上。

這裡的生態環境極其獨特。群島係爲海底火山噴發、熔岩堆積而成。

加拉帕戈斯海獅
Cousteau Society／庫斯托・索薩蒂

島上地勢崎嶇，多火山錐、峻岩和峭壁；伊莎貝拉島上的沃爾夫火山海拔一七〇七公尺，爲群島的最高峰。雖然地處赤道，但由於受到來自高緯度的秘魯寒流影響，這裡並未出現高溫多雨的氣候和林木繁茂的熱帶景觀。在群島上已發現的約七百多種高等植物中，百分之三十五以上爲本地區的特有物種。

群島孤懸洋面上已有數百萬年，從未和其他大陸相連過，島上動物在與世隔絕的獨特生態環境中發育進化。已查明的六百三十五種動物中，本地特有的即有二百餘種，更有許多動物在世界其他地方早已絕滅，堪稱是活的動物化石；即使從海洋或空中遷來的不速之客，在長期適應新環境後也已逐步改變生活習性，與祖先進化不一樣，甚至生活在不同島嶼上的同一類動物也發生了變異；更有甚者，這裡還出現了寒帶動物與熱帶動物共處的奇景。因此，稱之爲「活的生物進化博物館」最恰如其分。

毫無疑問，加拉帕戈斯群島上最著名的居民便是巨龜了。據說，巨龜至少可以活一百五十年。當年被達爾文捕獲的野生巨龜，現在仍生活在澳大利亞動物園，健康依舊。

在人類踏上這片群島之前，這裡曾生活著十四個亞種的巨龜。現在，有三種已經滅絕。一九六五年，達爾文研究中心啓動了一個保護海龜的專案，使劫後餘生的海龜得到了及時的保護。

巨大的象龜

Ernest Haas／歐內斯特・哈斯

400 多年前，西班牙探險者來到赤道附近的一座孤島，島上一種巨大的龜使他們大受驚嚇。這種龜甲殼長約 1.5 公尺，重達 250 公斤，長著又粗又壯酷似大象巨足的腿，所以稱為「象龜」。西班牙人遂將此島取名為「加拉帕戈」，意即「龜島」。

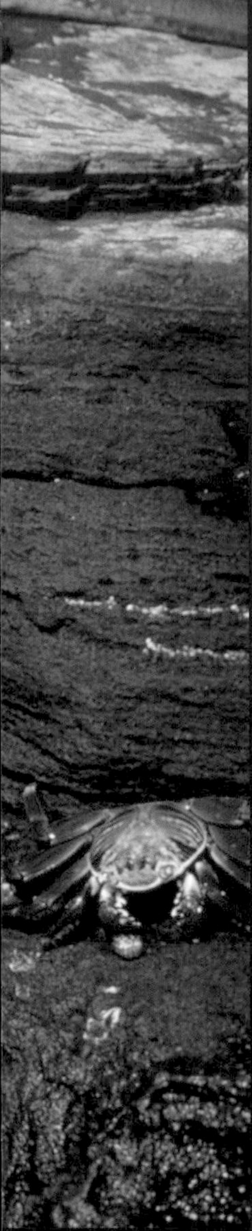

鬣蜥 Richard Coomber／里查德．庫姆伯

軍艦鳥 Pete Oxford／皮特．奧克斯福德

螃蟹及鬣蜥 Pete Oxford／皮特・奧克斯福德

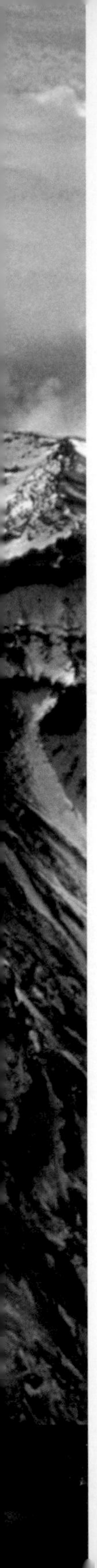

吉力馬札羅山

Kilimanjaro

草原之帆

去非洲避暑！誰說熱情如火的非洲不能避暑的，到吉力馬札羅山瞧瞧吧，保證你大吃一驚，這土人心中的神山，驚人的力量。

如果你去過非洲，卻沒有去看吉力馬札羅山，那眞是一生的遺憾！它在茫茫遼闊的東非高原上拔地而起，高聳入雲，氣勢磅礴，號稱「非洲的屋脊」。因其山頂終年積雪，故成爲赤道附近一道壯麗的風景。在斯瓦希利語中，吉力馬札羅是「光輝之山」的意思；而著名作家海明威的小說《吉力馬札羅山的雪》更是讓這座神奇的山峰永存於人們的意念之中。

吉力馬札羅山位於坦尚尼亞東北部，赤道與南緯三度之間，山基座周長七十二公里。其上兩大高峰並峙：主峰基博峰，海拔高達五九五〇公尺，爲非洲最高峰，另一座爲馬文濟峰，隔著一條長達十一公里的馬鞍形的山脊同主峰相連。

由於吉力馬札羅山位於赤道附近，山麓氣溫最高可達攝氏五十九度，而頂峰的溫度卻在攝氏零下三十多度，可謂冰火兩重天。山底炎熱異常，但在馬文濟峰頂部的火山口岩層上，竟然覆蓋著八十公尺厚的冰層。峰頂常年雲霧繚繞，好像罩上了一層神秘的面紗，只有在黃昏時分偶爾雲消霧散。這時，即使在二百公里以外的地方，也能看見被太陽照得五彩繽紛的雪冠。最壯美的景象是那驕陽下冰清玉潔的山頂所呈現的瑰麗色彩，那夢

俯瞰雪峰

Pete Turner／皮特·特納

從空中巴士上俯瞰，吉力馬札羅山的雪峰成了漂浮在雲海中的孤島。主峰沈積了幾千年的積雪，使吉力馬札羅山成為世界各國探險家的天堂，也是考察非洲過去氣候狀況的第一手資料。

幻般的「赤道雪峰」景致，直讓人慨嘆不虛此生。

在吉力馬札羅山下廣闊的熱帶草原上，闢有世界聞名的安博塞利國家公園。這裡綠草如茵，樹木蒼翠，斑馬、獅子、大象、犀牛和長頸鹿等各種野生動物在此爲生存競爭著，又彼此相依著。北坡海拔一千七百至一千八百公尺的山麓地帶，可以看到當地人開墾出來的咖啡園和香蕉園。再向上，就是莽莽熱帶叢林。通過高山草地，再往上，則是一片荒漠了。

從吉力馬札羅山頂到山腳數十公里的路程上，你可以一覽相當於陸地上從北極到赤道一萬多公里地域的氣候類型。植被帶順序相繼：周圍的坡地上是半乾旱灌木叢，南坡是水源充足的農田，茂密的雲林，開闊的沼地，高山荒漠，苔蘚和地衣的共生帶，活生生演示了植被生長的垂直分佈規律。

在非洲的歷史文化中，吉力馬札羅山被世世代代居住於此的土著人視爲神聖的山，先民骨化石和石壁岩畫就不斷被考古學家所發現。在海明威神奇的筆下，「她高大、雄偉，令人眩目地矗立在陽光下」。慕名而來、親歷其境者，穿越了時空的隔閡，見證了自然進化的遺產，剩下的，只是感嘆，只是祝福了。

正在消失的冰雪

Thomas Schmitt／托馬斯．舒米特

在過去的十幾年中，吉力馬札羅山的積雪已融化了三分之一，有人預測二十年之後它的主峰冰雪將融化殆盡，而成為赤裸之山。為了防止主峰冰雪融化，有人甚至提出在冰雪主峰上覆蓋碩大的防水油布。這將會是怎樣的一幅滑稽場景？

東非大裂谷

Great Rift Valley

地球臉上最大的傷疤

「地球臉上最大的傷疤」看來一點也不醜。有傷口又如何呢！這疤看起來就是上帝要人類認清真正的美醜是什麼！

乘飛機越過浩翰的印度洋，進入東非大陸的赤道上空，從機窗向下俯視，一條碩大無朋的「刀痕」就會呈現在你的眼前，相信即使你見慣奇情異景，也會驚異得瞪大眼睛。這就是著名的東非大裂谷，亦稱「東非大峽谷」或「東非大地溝」。

旅遊界有句俗語：到過肯亞不看東非大裂谷，就等於沒到肯亞。的確，東非大裂谷不僅被稱爲「地球臉上最大的傷疤」，更被美譽爲「世界地理的奇跡」，肯亞段陷落帶具有大裂谷最典型的地貌特徵。

東非大裂谷南起贊比西河的下游谷地，向北延伸到馬拉維湖北部，並在此分爲東西兩條。東面的一條是主裂谷，穿越坦尙尼亞中部的埃亞西湖、納特龍湖等，經肯亞北部的圖爾卡納湖以及衣索比亞高原中部的阿巴亞湖、茲懷湖等，繼續向北直抵紅海和亞喀巴灣，直至西亞的死海——約

大裂谷與馬薩伊戰士

Joseph Van Os／約瑟夫．範．奧斯

十九世紀末，英國地理學家約翰．喬治設想東非大裂谷是因地殼下沈而形成，而不像科羅拉多大峽谷那樣由河流沖刷而成，東非大裂谷也即是成為大陸漂移說和板塊構造說理論的有力證據。東非大裂谷還是人類的發源地之一，尚武的馬薩伊人至今生活在這裡，亦是大裂谷的一道風景。

裂谷地熱

Michael Busselle／邁克爾．布塞勒

大裂谷內的伯格里亞湖邊，間歇泉熱氣升騰。地熱是大裂谷周圍國家的一種重要能源，已經得到妥善利用。

旦谷地，全長六千四百多公里。另一條經坦噶尼喀湖、基伍湖、愛德華湖、艾爾伯特湖等一直到蘇丹境內的白尼羅河，全長一千七百多公里。裂谷寬度在幾十至二百公里之間，深幾百公尺至二千公尺，谷壁如刀削斧劈一般。裂谷兩側，斷壁懸崖，山巒起伏，猶如高聳的兩垛牆。據推測，裂谷形成於上新世和更新世，一些地段同時伴隨有大規模火山活動，催生了著名的吉力馬札羅山（五九五〇公尺）和肯亞山（五一九九公尺）等高大山峰。

在我們的頭腦裡，大峽谷總和黑暗的斷澗深淵景象以及狹長、陰森等辭彙聯繫在一起，其實不儘然。當你來到東非大裂谷，展現在眼前的完全是另外一番景象：遠處，茂密的原始森林覆蓋著連綿的群峰；近處，草原廣袤，翠綠的灌木叢散落其間，野草青青，花香陣陣，草原深處的幾處湖水波光粼粼，山水之間，白雲飄蕩；裂谷底部，平平整整，坦坦蕩蕩，牧草豐美，林木蔥蘢，生機盎然。

東非大裂谷還是人類文明最早的發祥地之一。二十世紀五〇年代末期，在東非大裂谷東支的西側、坦尚尼亞北部的奧杜韋谷地，發現了一具史前人類的頭骨化石，據測定分析，其生存年代距今足有二百萬年。起源於東非大裂谷的南方古猿，一直被考古學界認定爲人類的始祖。

古往今來，東非大裂谷一直是一個熱門的話題。科學家們推測，火山活動頻繁的東非大裂谷，「傷口」將越來越大，最終變成海洋，正如今天的紅海一樣。東非大裂谷未來的命運究竟如何？也許人類只有拭目以待。

非洲大羚羊

Art Wolfe／阿特．沃爾夫

非洲大羚羊是世界上最珍稀的羚羊，由於毛色美麗、肉質鮮美，曾遭人類大量捕殺，最後一隻野生的非洲大羚羊已於1994年在肯亞山死去。

尼羅河

Nile

來自諸神的國度 流過荒蕪的沙漠，穿過數不盡的流年，尼羅河，說不完的傳說故事，解不開的古老禁忌，偉大的埃及文明之母，默默的，以一種悠長呢喃的姿態，行——進——……

初見尼羅河，我們感到深深地迷惑：一條大河，穿越了千里沙漠，臨近入海口還能如此的清澈。放眼望去，只見一片青藍色的河水，在兩岸連綿不斷的綠色的掩映下靜靜流淌。黃昏的尼羅河更是在夕陽的照射下熠熠生輝，與金色的沙漠渾然一體。夜色來臨前的片刻，尼羅河顯得格外神秘而優雅。落日的餘暉照在河畔的人們身上：他們或是匆匆過客，爲了尋夢而來；或是世世代代生息於此，目睹著尼羅河的黃昏與晨曦，維持著平凡甚至艱難的生計。尼羅河水則亙古不變，依然平靜地流向遠方。

尼羅河是世界上最長的河流，也是非洲最大的河流，流域面積三百三十四萬九千平方公里，約占非洲面積的十分之一。尼羅河有兩條支流，分別是白尼羅河和青尼羅河。白尼羅河起源於維多利亞湖附近，然後向北穿過烏干達；青尼羅河起源自衣索比亞高原的塔納湖，上游又稱阿巴伊河，兩條河流在蘇丹喀土穆交會，形成尼羅河的主幹，然後流入地中海，行程六六五〇公里。

對外界的人來說，這條偉大河流的發源地有著無止盡的神秘，使人神往；而對於古老的埃及人，他們堅信尼羅河來自諸神的國度。

滔滔的尼羅河水，從非洲中部和東部奔湧而來，千折百轉，直瀉地中

尼羅河的黃昏

Michael McQueen／邁克爾・麥奎因

「你來到這片大地，平安地到來，給埃及以生命。啊！隱秘之神，你已將黑夜引導到白晝，我們感謝你，給我們指引。你種植了衆神開墾的花園，給一切行走者以生命；永不停息地澆灌著大地，沿著你從天國下降的旅程。食品的珍愛者，賜予穀物的人，普塔神啊，你給每個家帶來了光明！」 於這樣的黃昏靜謐時分，在尼羅河畔，誦讀這樣的尼羅河頌詩，或許是再契合不過的。

葦叢中的河馬

Ernest Haas／歐內斯特・哈斯

F・格里爾帕策在《貝多芬墓前演說》中如此讚美貝多芬：「他是一個藝術家，然而有誰能和他並列？他像穿渡五洋四海的河馬，衝破了他的藝術的疆界。」這裡的河馬即指尼羅河河馬，在《聖經》中已有記載。非洲象、犀牛、長頸鹿、野山羊、蹬羚和蒼鷺等，與河馬一起演奏著尼羅河畔美妙的野生動物樂章。

海。它流經埃及無垠的沙漠，以其珍貴的水源孕育了一支曾經在地球上生存的偉大文明。尼羅河攜帶著她神奇的風姿，穿越山澗，滋潤荒漠，奔騰呼嘯，日夜不息。

曾經有首古老的讚歌寫道：尼羅河萬歲！從地湧出，滋養埃及，食物的供給者，豐饒的創造者，萬善之母。

尼羅河水日夜不停地流淌，不僅對抗了沙漠的酷熱，而且還在兩岸催生出一片片生機勃勃的土地。在古埃及時代，來自中非山谷的豐沛雨水使得尼羅河發生定期性季節氾濫，來自上游土地上的淤泥被沖到埃及沙漠。這些富含礦物質的淤泥不僅孕育了生命，而且在入海處形成了巨大的三角洲，造就了以後埃及人賴以生存和繁衍的棲息地。肥沃的土地不僅讓埃及擁有穩定的生活，而且產生了悠久的農耕文化，他們研究上天與四季，制定了一天廿四小時與一年三六五天的曆法，並在科學、數學、建築、藝術等方面也有突出的成就。

在尼羅河的灌溉與滋潤下，埃及成爲偉大古文明中歷史最悠久的文明。古希臘歷史學家希羅多德說：「埃及是尼羅河的贈禮。」可以說，沒有尼羅河，就沒有埃及；沒有尼羅河，也就沒有埃及的文明。

納庫魯湖

Nakuru

火烈鳥的夢幻天堂

在湖邊的草叢裡，斑馬悠閒地吃草，狒狒大模大樣地散步，野牛對人們的到來表現出好奇，小鳥調皮地落在它的背上唱歌，犀牛對人們視而不見，長頸鹿優雅地向人們行注目禮，野豬悶頭趕路，大象則不慌不忙地從車前穿過……

肯亞的湖泊著稱於世。在記錄片《走進非洲》中，我們看到有關肯亞野生動物保護的片段：傍晚時分，在湖泊的淺水區，成千上萬隻豔麗的火烈鳥正在覓食，在金色的昏光下，火烈鳥就像是跳躍的火苗，景象十分壯觀。這就是肯亞納庫魯湖美麗景象的眞實記錄。

納庫魯湖坐落在裂谷省納庫魯縣，面積一八八平方公里，現在已成爲國家公園。這裡是世界最大的鳥類棲息地，園中約有四百五十種禽鳥，最著名的是火烈鳥。在這一帶生活的火烈鳥最多時約有二百多萬隻，占世界火烈鳥總數的三分之一。平如鏡面的藍色湖水倒映著火烈鳥美麗的身影，如夢如幻。納庫魯湖國家公園是動物的天堂，在湖邊的草叢裡，斑馬悠閒地吃草，狒狒大模大樣地散步，羚羊行色匆匆，與人們保持著一定的距離，野牛對人們的到來表現出好奇，小鳥調皮地落在牠的背上唱歌，犀牛對人們視而不見，長頸鹿優雅地向人們行注目禮，野豬悶頭趕路，大象則不慌不忙地從車前穿過……納庫魯湖最亮麗的風景線當然還是火烈鳥群棲的湖景，火烈鳥成群成群地毫無縫隙地壓在湖面的淺水區，人們根本無法數清到底有多少隻。如此浩大壯觀的場面，在世界其他任何地方都不可能看到。「火烈鳥吃什麼？」看著這鋪天蓋湖的火烈鳥群，肯定會有人替牠們擔憂。就算每隻鳥每天吃一條魚，那也是天大的數字了。也許是一方水

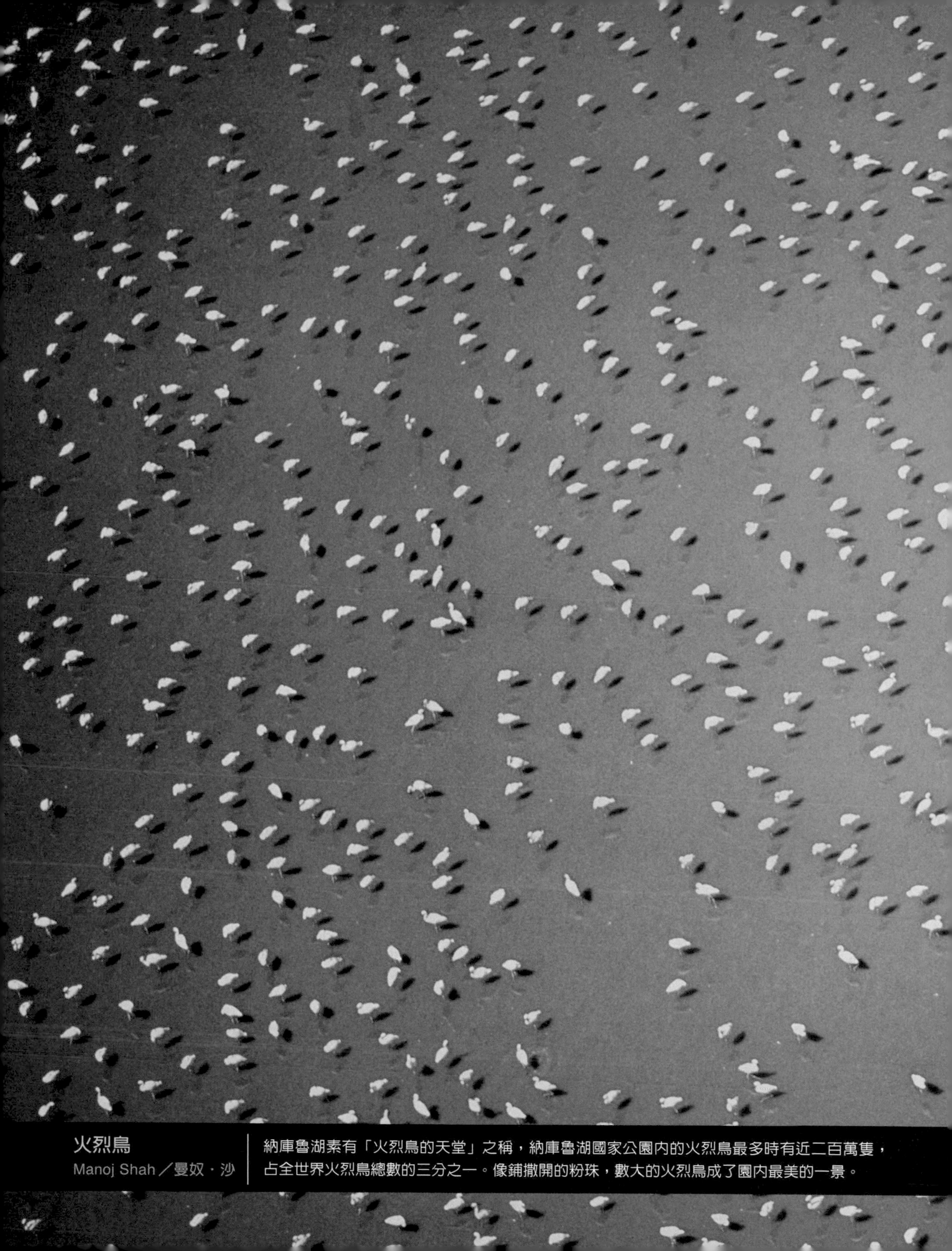

火烈鳥
Manoj Shah／曼奴・沙

納庫魯湖素有「火烈鳥的天堂」之稱，納庫魯湖國家公園內的火烈鳥最多時有近二百萬隻，占全世界火烈鳥總數的三分之一。像鋪撒開的粉珠，數大的火烈鳥成了園內最美的一景。

綠長尾猴
Joseph Van Os／約瑟夫・範・奧斯

綠長尾猴是非洲特產的一種獼猴，納庫魯湖國家公園完善的生態系統為其提供了良好的生活環境。

土養一方之物，火烈鳥以藻類、小蝦等爲食。納庫魯湖地處火山帶，湖水的鹽鹼度很高，生長著豐富的藍綠藻和矽藻，保證了火烈鳥的基本口糧，涉行淺灘覓食的火烈鳥有著永遠吃不完的美食。

由於當地氣候改變以及納庫魯湖國家公園附近的環境污染，已經影響到納庫魯湖自然生態的平衡，科學家越來越擔心水裡的重金屬，諸如鉛、鋅、水銀等會被藻類所吸收，而這些藻類正是火烈鳥的食物。許多環境保護者和環境保護機構正在極力呼籲保護納庫魯湖國家公園的生態環境。

遠遠的眺望納庫魯湖，一隻隻的火烈鳥或在空中競翔自由，或者徜徉湖畔引吭高歌，構成了一幅閃動著粉紅色的美麗圖畫。但願這終生難忘的美麗景象，在百年甚至千年後，人類還能目睹，還能爲之激動。

疣豬

Joseph Van Os／約瑟夫．範．奧斯

臉上長有疣狀腫塊的疣豬其貌甚醜，兩頰長而彎曲的犬齒更使牠顯得魯莽兇猛。然而事實恰恰相反，牠是一種性情比較溫和的動物，且多以雜草、嫩芽、植物根等為食物。這一切好像是在證明：以貌取「豬」是不對的。

維多利亞瀑布

Victoria Falls

雷霆翻滾中的信仰

眾聲喧嘩之中，又可分出各個主體之間的不同，或是悲壯的雷鳴，或是靜靜的陳述，或是口徑一致，或是自唱其言，多姿多態，風味各異。

贊比西河滾滾流逝，在河流平緩前行之處，造化不知何故抽刀將河床攔腰斬斷，造出一道長約二公里、寬深各約百公尺的峽谷。於是乎，河水像駿馬脫韁，狂奔跳澗，又恰似銀河落地，飛流直下，在懸崖斷壁間形成滔滔白浪，直瀉谷底，發出隆隆巨響，又兼霧氣沖天、降下沙沙雨點，陽光折射中飛架起道道彩虹——這就是氣勢磅礡、絢麗多姿的維多利亞瀑布。

大瀑布所傾注的峽谷本身就是世界上罕見的天塹。這裡高峽猙獰，蒼岩如劍，巨瀑翻銀，疾流狂奔。由於利文斯島當江阻隔，將維多利亞瀑布分爲魔鬼瀑布、主瀑布、馬蹄瀑布、彩虹瀑布和東瀑布五段。前四段位於津巴布韋，後一段屬於贊比亞。

聲威巨大

Harvey Lloyd／哈維．勞埃德

維多利亞瀑布橫跨辛巴威（Zimbabwe）和尚比亞（Zambia）兩國，最大的特色在於其巨大的聲威和騰騰水霧，水霧最高可騰至300多公尺高空，五個瀑布組合起來是尼加拉瓜瀑布的2倍。在當地語言（Mosi-Oa-Tunya）中，維多利亞瀑布被稱為「莫西奧圖尼亞」，意即「雷霆翻滾的雨霧」。

沿著大瀑布西岸風景如畫的小徑，就聽到愈來愈大的隆隆濤聲，天空中不時飄來綿綿雨絲，抬頭張望，豔陽當空，一道絢麗的彩虹飛架南北兩岸。這就是雄偉絕世的魔鬼瀑布。魔鬼瀑布承載著當地人的精神信仰。人們虔誠地相信，瀑布的巨浪能把妖魔鬼怪一沖而光，從而驅散厄運和災難，千百年來這似乎已經成了一個亙古不變的眞理。

主瀑布，則以水流量最大稱著。抬起頭，滿目水簾，半空銀光飛瀉，深谷雲騰霧繞，著實令人嘆爲觀止。這不加任何人工修飾的景致，折射的是一種古樸的原始美。雨中的谷底雲霧升騰，大瀑布時隱時現，活像一位婚紗掩面的新娘，呈現的是一種縹緲的朦朧美。馬蹄瀑布狀似萬馬奔騰於絕壁，隆隆的濤聲更似馬蹄得得，戰鼓咚咚，雄壯的動感美讓人精神爲之一震！

彩虹瀑布則會在陽光下橫空映出道道彩虹。不經意間，你就會發現一道道彩虹從峽谷裡、瀑布間甚至樹林中升起，臨近方覺細雨淋身，飛瀑如潮，彩練生輝。置身其境，使人飄飄欲仙。在贊比亞一側，不但能看到東瀑布的全貌，而且能將彩虹瀑布的美景盡收眼底。河床驟然從二公里寬濃縮到幾十公尺，兩邊對流的白浪在此漸成靜流，咫尺之遙就從跳澗飛奔轉化爲閑靜清流，宛若《命運交響曲》的樂章轉換。

仔細品味，維多利亞瀑布更有一種悲壯之美。不是麼？歷史的車輪滾滾向前，魔鬼瀑布沖走了殖民者強加在非洲人民頭上的厄運，馬蹄瀑布則鼓舞著非洲人民爭取的勇氣，主瀑布的怒吼聲震碎了殖民主義的黃粱美夢——大瀑布兩岸的人民先後贏得了國家的獨立和民族的解放，它見證了周遭人民的一部近代歷史。

分合有序

Nick Greaves／尼克．格里夫斯

維多利亞瀑布是一個瀑布群，是世界三大瀑布之一，也是世界七大自然奇景之一。在瀑崖頂部，瀑流自西向東分為五支：魔鬼瀑布、主瀑布、馬蹄瀑布、彩虹瀑布和東瀑布（圖為主瀑布），在瀑崖中下部，它們又重新匯聚成巨大的整體瀑流，轟鳴著奔騰入100多公尺深的溝壑。

塞倫蓋蒂大平原

Serengeti

野生動物的樂園

來看看世界最大的遊牧民族吧！你會驚嘆他們數量的龐大，以及天生本領的高強喔！

提起非洲，似乎就有成群的野生動物衝撞而來。如果數萬頭野生動物結伴奔行，不是童話、不是卡通，而能夠展現在你的眼簾，想必你即使是歷盡千辛萬苦，也渴望能一睹那都市叢林裡永遠見不到的景觀。

那麼，塞倫蓋蒂大平原上一年一度的動物大遷徙就不容錯過了。

塞倫蓋蒂大平原位於坦尚尼亞北部高原，爲一廣闊的稀樹草原。它比鄰著三個世界級的風景點（東連恩戈羅恩戈羅野生動物保護區、北鄰肯亞馬賽馬臘自然保護區、西邊幾公里外就是維多利亞湖）而毫不遜色，一口氣占地一．四八萬平方公里。一九二一年，依其名開闢成國家公園。

這裡是一個巨大的原生草原生態系統，是當今世界數量最大、品種最多的動物群棲居地和更新世生態系統的最後殘遺種。中央及東南是一片遼闊、沒有樹木的草原，降雨量較小；北部則雨量豐沛，草木叢生、森林茂密。雨季，植物繁茂生長，草高可達一公尺以上，綠茵漫野，生機盎然，大型野生動物出沒其間；一到乾季，草木枯萎，動物減少。

平原上的獅子
Johnny Johnson／約翰尼・約翰遜
平原一望無際，幾隻獅子平靜地臥在綠草中，享受著溫煦的陽光。1994 年，塞倫蓋蒂國家公園裡曾有幾百頭獅子死於一種叫作犬瘟熱的神秘疾病，這種殺氣騰騰的獸中霸主也遭到了天災人禍的威脅。

大自然偏愛的營造，爲幸運的野生動物提供了生息繁衍的理想家園。廣闊的稀樹平原上，活躍著一七〇餘種、三〇〇多萬頭野生獸類，最常見的有角馬、斑馬、衣索比亞疣豬，還有大角斑羚、長頸鹿、非洲象、黑犀牛、河馬等；獅、鬣毛豹等五大天敵穿梭其間，儘管不斷製造血淋淋的廝殺場面，但日常的逃生不斷提升著野生動物的生存能力，尤其緊要的是，野生動物世界由此自行調節著種族的平衡。

再也回避不了角馬、斑馬、羚羊一年一度的大遷徙了，那是何等壯觀的場面呀。每年五月末，草原進入乾季，角馬們自發集聚，然後排列成綿延十幾公里的「角馬大軍」，在「頭領」的帶領下，秩序井然的向西邊的馬臘平原、維多利亞湖區一帶進發，歷時一個多月，行程五百公里。斑馬、羚羊等也都相伴而行。到了十一月份，馬臘平原乾季來臨，角馬大軍又長途跋涉返回故鄉，繁殖後代，安居樂業。乾季一到，便又開始西遷。年年如此。坦尚尼亞政府曾在遷徙的路上設置了有刺的金屬圍欄，以阻止牠們北上，但浩蕩的遷徙大軍毫不客氣地踏平了圍欄，繼續長征。天敵的伺機捕殺，也無法改變牠們的遷徙本能。

爲什麼要阻攔改變呢，地球又不是人類的專有私產，角馬也有份，至少在塞倫蓋蒂大平原，那兒是牠們祖祖輩輩的樂園。我們不如還是像保護草原一樣，尊重牠們的習性吧。

生死對視
Joseph Van Os／約瑟夫．範．奧斯

一隻帶著幼崽的雌性黑斑羚正和一隻饑餓的獅子對視，黑斑羚由於恐懼而豎起了耳朵，獅子則因為興奮而豎起了鬣毛。像這樣的對視在生命循環不息的塞倫蓋蒂大平原上，一天裡會發生多少次？

逐草而居的角馬

Michael Melford／邁克爾．梅爾福德

角馬又名斑紋牛羚，這是一種逐草而居的大羚羊。當塞倫蓋蒂的旱季來臨，牠們便浩浩蕩蕩地向西遷徙，這使塞倫蓋蒂大平原成了「流動的大平原」。

撒哈拉沙漠

Sahara

天災人禍的代名詞

三毛的撒哈拉引發讀者的想望，然而自然無情，狂沙之中，生命的存在似乎總是要多點妄想。

撒哈拉大沙漠，西自大西洋，東到尼羅河，北起阿特拉斯山脈，南至蘇丹，南北縱貫一〇六一公里、東西長五一五〇公里，以超過九百萬平方公里的浩瀚，將非洲陸地的三分之一鋪成滿目金黃。

這一大片枯寂，中部是滿布過去潮濕氣候時期流水形成的乾河谷的三大高原；高原周邊是大片的岩漠和礫漠，再向外是沙海，點綴著寥若晨星的綠洲。

但枯寂並非撒哈拉的本性。近三、四萬年以來，撒哈拉幾易容顏。距今三萬年以前，撒哈拉處於濕潤氣候時期，植物茂盛，河流縱橫。一萬年後，氣候變得乾燥，降水量減少，河流斷水成爲乾河谷，風沙開始肆虐。這以後，氣候又趨向濕潤，雨量豐沛，草木繁茂。大約從西元前四千年開始，重複的日益加劇的乾燥導致河流斷流消失，植被枯萎退化，古生物遭受了滅頂之災。

作爲全世界最大的沙漠，撒哈拉屬典型的熱帶沙漠氣候，熱浪滾滾，乾燥難耐，沙丘連綿，戈壁無垠，動植物非常稀少。全年平均氣溫超過攝氏三十度，地表溫度可達七十度；最乾燥的地區年降雨量少於二十五公厘，有些地區長年萬里晴空，不見滴雨。有雨的地方，雨水也在落地之前蒸發消失在大氣中。

阿哈加爾山脈

Sylvain Grandadam／西爾萬．格蘭德丹姆

真正的沙地只占撒哈拉沙漠全部面積的五分之一，沙漠之外，還有礫漠和岩漠。阿哈加爾山脈位於撒哈拉沙漠中北部，其實是一片花崗岩高原。這是位於阿爾及利亞境內的阿哈加爾山脈的一段。

穿過沙海

Andre Gallant／安德烈・加蘭特

位於摩洛哥拉希迪耶省的撒哈拉沙漠風光，金黃色的沙子由於風的作用而呈現波浪狀。

目前，這裡還不是生命的絕境，尚有三百多種沙生動物：「沙漠的兒女」羚羊，生性狡猾的沙狐，專門破壞植物根系的沙鼠，以及居住在懸岩峭壁的風蝕洞裡、出沒在沙丘灌木叢中的百靈、沙漠鶯、沙雞、野鵝、鵪鶉、鴕鳥等鳥類。駱駝隊橫穿瀚海的情景無疑是我們最熟悉的了。

撒哈拉動輒沙暴橫行，春季更是沙暴的高發季節。沙暴來臨時，狂風怒吼，飛沙走石，霎時間天昏地暗，黃沙吞噬了大漠中的一切。大漠風力疾厲，其威力之大出乎人們的意料。它把碎石、沙子和塵土吹走，留下的岩石裸露地表，成為岩漠；又將堅硬的岩石雕琢成千姿百態，此即瑰麗壯觀的「風雕」。風暴驅起黃沙彌漫，流沙滾滾，沙丘順風移動，吞沒大片沃土、牧場，掩埋許多城鎮、村莊。據統計，僅僅一個世紀的時間，撒哈拉沙漠的範圍就擴大了將近十分之一。

是否可以說，撒哈拉就是天災人禍的代名詞？惡劣的氣候曾經摧毀了這裡的植被和生命，人口增長與過度放牧、過度耕種給原本脆弱的生態環境帶來了毀滅性的破壞。蘇丹首都喀土穆周圍，二十世紀五〇年代中期還是一片熱帶樹木草原風光，二十年後，卻只有在該城以南九十公里以外的地方才能見到這種景觀。人類對自然環境的過度干涉與異常氣候相互疊加，促使生態環境輕而易舉地崩潰，並失去復原能力，最終演變為一場持續的災難。二十世紀八〇年代中期，一場大饑荒席捲了撒哈拉地區，至少有上百萬人被饑餓和四處蔓延的瘟疫奪去了生命，有上千萬人背井離鄉，淪為「生態難民」。

觸目驚心的事實昭示人類，為了美好的明天，多想想撒哈拉。

沙漠遊牧民族

Lorne Resnick／洛雷．雷斯尼克

突尼斯遊牧民族貝多因人正穿過撒哈拉沙漠，駱駝是他們不可或缺的工具。

恩戈羅恩戈羅火山口

Ngorongoro Crater

拷問現代人類疲憊的心靈

一座沈寂了萬年的火山，一個完整的動植物的生態圈，一靜一動，拷問著現代人類疲憊的心靈。

在坦尚尼亞北部，有一座存在了二五〇萬年的休眠火山恩戈羅恩戈羅，它最近一次爆發距今大約廿五萬年。

恩戈羅恩戈羅火山口，有人稱它爲「非洲的伊甸園」，直徑大約十八公里，深達六一〇公尺，是世界上最完整的火山口。它猶如鑲嵌在東非大裂谷帶上的一只「大盆」，堪稱大自然的鬼斧神工之作。

與火山同名的國家公園就坐落在火山口地區，作爲非洲最重要的野生動物保護區之一，一向是非洲的印記。當你來到保護區，你會被眼前的生龍活虎所驚奇，這簡直就是一個野生動物的天堂。該區的動物種類看上去就像一份非洲野生動物的目錄：角馬、斑馬、水牛、大象、長頸鹿、黑犀

休閒的群獅 Nicholas Parfitt／尼古拉斯．帕菲特　這些火山口的獅子，怡然自得而又顯得無比驕傲。

牛、非洲大羚羊，應有盡有。每年春天，成千上萬隻火烈鳥雲集在火山口底部的鹹湖，每當火烈鳥豔紅的雙翅淩空展開在碧水藍天之間，見者無不感嘆大自然的恩賜。

恩戈羅恩戈羅自然保護區群峰環繞、山勢險峻，樹木茂盛，水源豐富，適合野生動物繁衍生息。這兒四季非常模糊，一年間似乎只有旱、雨兩季相互更迭。每到雨季，草木繁盛，一片生機。火山口內的草地一片翠綠，夾雜著粉紅色、黃色、藍色和白色的野生花朵，肥沃的火山土上，牽牛花、羽扇豆、雛菊、罕見的藍色苜蓿花等競相怒放。旱季時，動物開始聚集在火山口附近的沼澤周圍，其餘的視野一派枯黃。

鳥獸和諧

James Martin／詹姆士．馬丁

犀牛與以捕食犀牛身上的寄生蟲為生的犀牛鳥，牠們互惠互利，默契十足。

在這人跡罕至的環境中，動物們悠閒地看著雲卷雲舒，日出日落；旱、雨季交替，牠們爲沈寂了多年的恩戈羅恩戈羅火山口帶來生命的氣息。

火山口的中央有一口小湖，周圍散佈著一片片的叢林和草地。某年某月的某一天，一群飛奔的羚羊突然躥了出來，後面或許就有一隻獵豹緊緊地追趕著；在草地上，有一群低著頭吃草的野牛，牠們是那樣地悠閒自在；抬頭吃樹葉的是那些長頸鹿，牠們邁著紳士般的步伐，邊散步邊覓食；長鼻子大象也在草原上慢吞吞地行走，甩動著鼻子，趕走身上那些熱帶草原上討厭的蒼蠅；穿著「海魂衫」的斑馬喜歡躲在草叢裡；孤僻的犀牛喜歡獨來獨往。

獅子和豹生活在別處。一棵大樹下，是一個獅子的家庭。雄獅子的頭上披著長長的鬛毛，趴在地上一動也不動，懶洋洋地打瞌睡；雌獅也躺在地上曬太陽，兩隻活潑可愛的小獅子，在牠們身邊跳來跳去，好一幅樂享天倫圖。

一座沈寂了萬年的火山，一個完整的動植物的生態圈，一靜一動，拷問著現代人類疲憊的心靈。

馬薩伊人
Joseph Van Os／約瑟芬・範・奧斯
尚武的馬薩伊人也有燦爛的笑容。

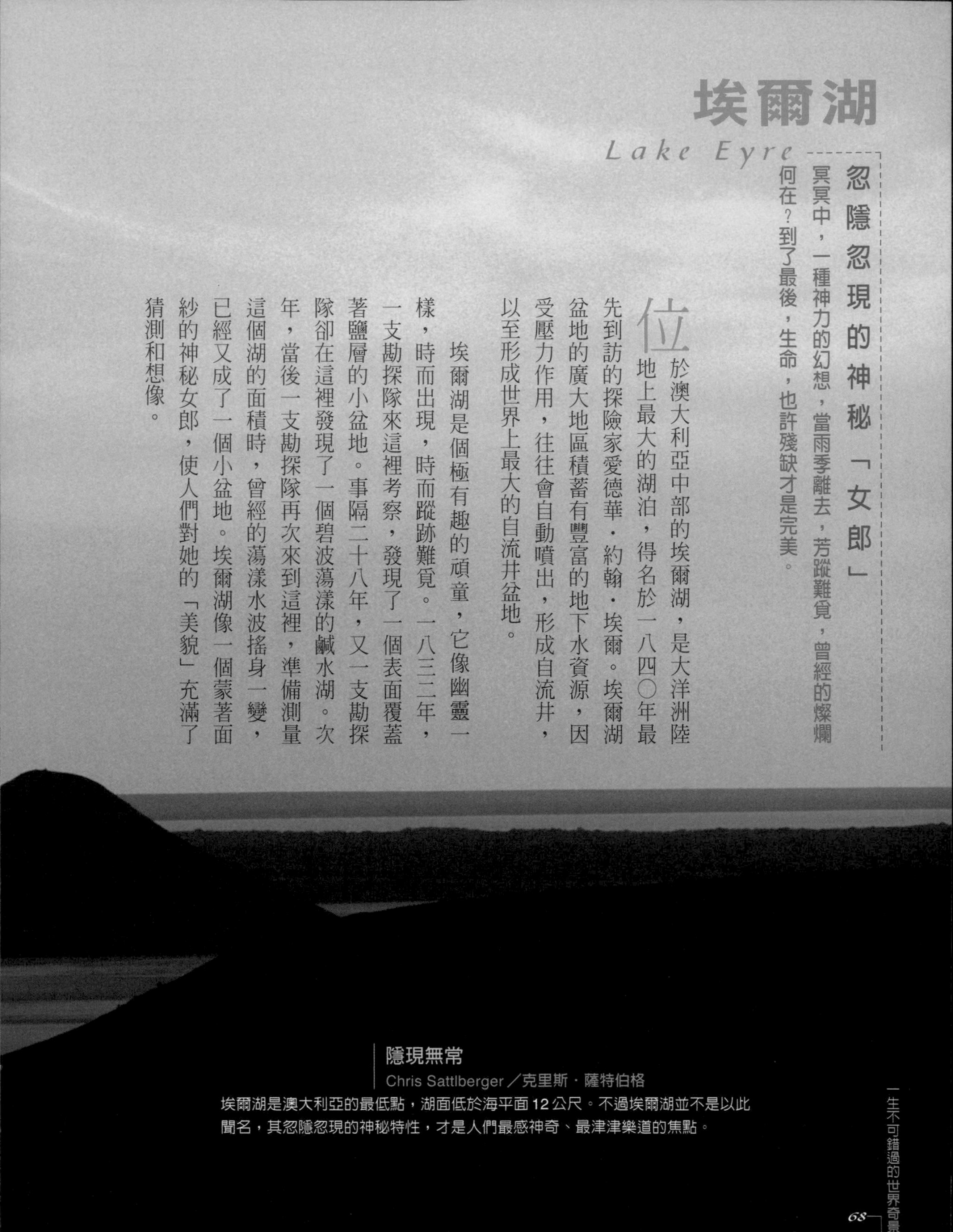

埃爾湖

Lake Eyre

忽隱忽現的神秘「女郎」

冥冥中，一種神力的幻想，當雨季離去，芳蹤難覓，曾經的燦爛何在？到了最後，生命，也許殘缺才是完美。

位於澳大利亞中部的埃爾湖，是大洋洲陸地上最大的湖泊，得名於一八四〇年最先到訪的探險家愛德華・約翰・埃爾。埃爾湖盆地的廣大地區積蓄有豐富的地下水資源，因受壓力作用，往往會自動噴出，形成自流井，以至形成世界上最大的自流井盆地。

埃爾湖是個極有趣的頑童，它像幽靈一樣，時而出現，時而蹤跡難覓。一八三二年，一支勘探隊來這裡考察，發現了一個表面覆蓋著鹽層的小盆地。事隔二十八年，又一支勘探隊卻在這裡發現了一個碧波蕩漾的鹹水湖。次年，當後一支勘探隊再次來到這裡，準備測量這個湖的面積時，曾經的蕩漾水波搖身一變，已經又成了一個小盆地。埃爾湖像一個蒙著面紗的神秘女郎，使人們對她的「美貌」充滿了猜測和想像。

隱現無常

Chris Sattlberger／克里斯・薩特伯格

埃爾湖是澳大利亞的最低點，湖面低於海平面12公尺。不過埃爾湖並不是以此聞名，其忽隱忽現的神秘特性，才是人們最感神奇、最津津樂道的焦點。

原來，這個湖不屬常年湖，而是一個時令湖。每隔三年左右，它就要「失蹤」一次。埃爾湖的面積和湖區輪廓是隨降水而變化的。在雨季，由於季節性河流從山上帶入大量的水，湖泊面積便擴大；在乾季，湖泊因強烈蒸發而變淺，整個湖泊便被分隔成許多鹽池，鹽盤裸露，鹽殼厚達四十三公分。

埃爾湖面總面積變化在零至九千五百平方公里之間。在一九五〇年，埃爾湖曾被完全注滿，深達四·六公尺，甚至可以通行帆船。據說這種情況，一百年才會發生兩次。

埃爾湖給了人類太多的歡樂和無奈。對它所有的情感，源自於對冥冥中一種神力的幻想。當埃爾湖的雨季離去時，人們只想知道，它何時再次歸來？更想知道曾經的燦爛何在？生命到了最後，也許殘缺才是完美。

大堡礁

Great Barrier Reef

正在消失的伊甸園 就好像向天抗爭著，以死亡堆疊出令人驚嘆的壯美，即使是以死之身建造的城堡，卻蘊藏著無限的生命之美。

大堡礁的形成經歷了多少年？是怎樣形成的？那些沒有聽覺，沒有視覺，甚至不能自主移動的只有針尖大的膠質小點兒，靠著寄生在牠們身體內的藻類提供著營養。牠們死後形成的骨骼又能有多大？千萬年來，渺小的珊瑚蟲們就是用世代累積的死亡建造了一項宏偉的工程。近千個島礁和淺灘星羅棋佈，堅硬而壯觀，構成澳大利亞昆士蘭州東海岸外的天然海堤。從南到北，大堡礁全長二〇一三公里，總面積達二十萬七千平方公里。

從飛機上俯瞰，充溢眼簾的是無法形容的色彩的世界，一個個島嶼共同打造出了這片壯麗。點綴著這片海域的近千個青翠礁島的四周有著金色的沙灘，島上長滿了綠樹，和碧藍的海水與藍瑩瑩的島身相映生輝。天邊泛著幾朵淡淡的白雲，數隻海鳥不時在天空中盤旋嬉戲著，和著海浪的呼吸聲，使人陶醉。

大堡礁海底又是怎樣一番世界呢？碧藍透明的海水中有著數不清種類和道不清形態的魚類和海洋生物。單就珊瑚來說也是說不完的。有些珊瑚好像是深藍色的花椰菜，有些像是有著彩虹般各種色彩的彩色鹿角，還有的像是各種各樣的花朵，其色彩總是怪異得讓我們這些來自陸地的靈長類無法想像，而其造型也是千姿百態，匪夷所思，有的像鮮紅色的比薩斜塔，有的如巴特農神廟，還有的極似各種樂器，擺在一起就組成了一支完

心形島

Anthony Johnson／安東尼・約翰遜

心形島形如其名，如果說這是上帝的作品，那麼似乎可以說，原來上帝也是願意把這裡當作心靈的棲息之地的。

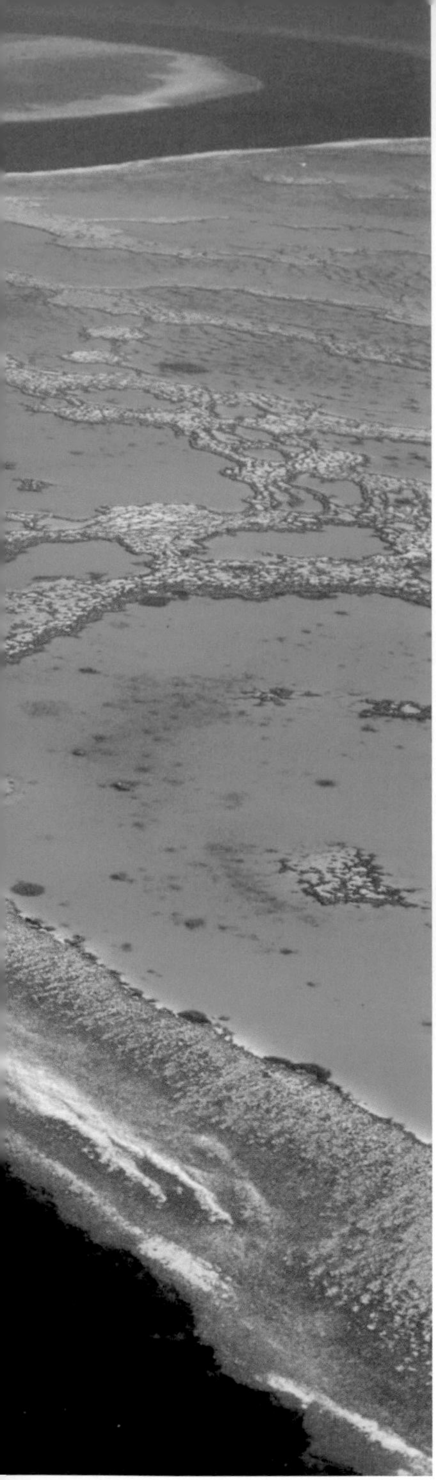

整的樂隊了。原來在我們地球寂靜的深海裡，棲息著與我們陸地上絕然不同的另類物種，牠們在無聲的世界裡卻生活得色彩斑斕，千姿百態，使人稱奇。

這裡是海洋生物的伊甸園，也是人類幻想中的自己的伊甸園，然而這片美幻的伊甸園卻正在消失。科學家預測，二十一世紀全球海洋溫度將提高攝氏二到六度，對水溫異常敏感的珊瑚來說，這簡直就是一場惡夢。受氣候變暖的嚴重影響，大堡礁的珊瑚蟲因提供其營養的海藻死亡而失去斑斕色彩，出現嚴重的白化現象，最終死去。人們還預測，當地的珊瑚礁將在二〇五〇年「大量垮台」，而花費千萬年時間建造成的這項宏偉工程，等到了二一〇〇年的時候將從這個世界上徹底消失。如果等待珊瑚礁開始重新自然生成，恢復成現在的規模至少也要二至五百年時間。

我們可以從《聖經》裡經常看到一句似乎挺無奈的話：「你都對我做了些什麼呢？」大堡礁的珊瑚們也應該會問：「你都對我做了些什麼呢？」問誰呢？問享受著大堡礁的美景卻又間接破壞了大堡礁的人類。

白日夢島

Oliver Strewe／奧利弗・斯特雷伊

探究這個礁島名字的來歷該是件有趣的事。不過不管怎樣，白日夢在這裡已經濾去了貶義，成為了浪漫的代名詞。

坎貝爾港

Port Campbell

「有心」的石柱

《X情人》中衆天使於海邊迎接晨曦，讓人感動於人與天與神的交流，或許，你也可以在這裡體會。

澳大利亞第二大城市墨爾本所在的維多利亞州，有一段被稱爲「鎭州之寶」的大洋路。在這條路的沿途可見到萬籟俱寂的海灣、恬靜的綠色雨林、沈船海岸險峻的岩岸區的海難遺址。多種不同風景強烈的對比，使心緒嘗遍人生況味。碧藍的海面在遠處波光粼粼，一直到海天相連處，翻滾的海浪在岩石上撞擊成朵朵雪白的浪花，刹那間又悄然而去。在這裡，可以感受山與海洋的深層對話，瀏覽奇岩矗立、峭壁削天、巨岩錯落的奇觀，欣賞這些巨岩幾千年來與藍色大海共同鑄就的神奇瑰麗。

在一個個奇妙的驛站中，以坎貝爾港附近的「十二使徒岩柱」最爲有名。它們是海邊一組十二塊各自獨立的岩石，其數量及形態恰巧酷似耶穌的十二使徒，宗教的意義使這裡充滿了神聖的光芒。千萬年來，雖遭海蝕、風蝕、雨蝕，十二塊巨岩仍若巨人般矗立於海上，在日出和日落之際，巨浪拍打、海風低語、陽光變幻之時，每一塊巨岩都似乎能與觀者進行心靈對話。

沿途歷經無數的岩洞、峽谷、通風孔，岩石擁有的質樸美隨峭壁的延伸一一呈現。這就是讓人敬畏的坎貝爾國家公園——發現美、感受美的最佳去處。

當你觀賞著神奇排列著的這十二塊奇石，沐浴在晚霞鋪滿天際的斜陽中，浪濤聲比先前更爲猛烈了，你的心情也會由先前一路伴隨的驚喜、雀躍轉化成安靜，大自然的那份神奇足以讓你忘卻塵世的喧嘩與騷動。十二使徒之景會讓你感動在墨爾本的秋日夕陽中，難以忘懷那一刻人與自然親吻相融的意境。

十二使徒岩柱

Jeremy Woodhouse／傑里米・伍德豪斯

十二使徒岩柱屬海蝕地形，這裡的海岸受海水長期沖蝕後，被分割成若干獨立的岩塊，各以不同造型屹立海上，顯得風姿綽約。一天之內，岩柱的色彩隨時間而變化，尤其在黃昏時分，當晚霞滿天之時，岩石有紫金、紅、黃、紫、桔紅等等精彩斑斕的萬般色彩變化。

昆士蘭濕熱帶雨林

Rainforest of Queensland

地球植物的完整記錄者 誰說現在與過去無法並存，看看這裡，雨林，地球的時間與空間奇跡，物種的神秘樂園。

凡是到澳大利亞的人，大約不會輕易錯過去昆士蘭濕熱帶雨林遊覽的機會。在那裡，崎嶇的山路、湍急的河流、深邃的峽谷、白色的沙灘、鬱鬱蔥蔥的植被、絢麗的珊瑚礁、活火山和火山湖，構成了一幅令人一輩子難以釋懷的美景。

昆士蘭濕熱帶雨林是昆士蘭濕熱帶地區的典型代表，位於澳大利亞東北海岸，占地九十萬平方公里，一九九八年被列入《世界遺產名錄》。四億多年浩蕩時光蘊育的生態和進化環境，特別適合於不同種類的動植物生存，同時，也給許多稀有的瀕危動植物提供了良好的生存條件。這裡可以見到許多奇特的動植物，其中一些可追溯到澳大利亞還是古岡瓦納大陸一部分的時代。這裡不僅擁有世界上最古老的樹種，而且至少有四八三種稀有動物和八十三種面臨滅絕的動物在昆士蘭濕熱帶地區繁衍生息，其中有二十五種爲特別稀有動物。

昆士蘭濕熱帶地區包括許多國家公園，如德恩蒂國家公園、巴龍喬治與烏龍努蘭國家公園。這裡保護著澳大利亞最廣闊的濕熱帶雨林，也有其他的生物群落，但最多樣和最美麗的群落就是雨林。雨林植物類型極其豐富，幾乎保存著世界上最完整的地球植物進化記錄；在世界上，它最集中地保存著原始開花植物種群。

米拉米拉瀑布

Jean-Pierre Pieuchot／吉恩-皮埃爾．皮尤切奧特

米拉米拉瀑布之水不知在叢林中穿越多久，終於在此處傾瀉而下，給龐大深邃的綠色叢林撥動了一段白色靈動的音符。

這個神奇的雨林可分十三種結構類型，按氣候帶和土質特點又進一步分爲二十七個群落。從空中纜車鳥瞰大片的雨林，滿眼只是無邊無際的綠。在雲翳籠罩、大風吹掠的高坡和山脊，生長著藤本植物和灌木；在一千五百公尺高的山區，樹冠低矮、樹叢繁密，顯示出颶風侵襲的影響；低地帶的生機最爲茂盛，掩藏著大量獨特樹種。

僅德恩蒂國家公園就有兩處世界遺產，這裡的雨林一直生長到海岸邊，邊緣擴展到了大海裡，與大堡礁相連。這種奇景不僅在澳大利亞獨一無二，在全世界也是屈指可數的。

引人入勝的景致與稀有而且瀕危的動植物種類共存在這片雨林裡。全世界最大的鳥——澳大利亞食火雞無疑是雨林的驕傲，這種雞站立時竟高達二公尺，麝袋鼠等也是享受貴賓禮遇的野生動物。有五十多個動物種類爲這個地區所獨有，三分之一的澳大利亞有袋類動物、四分之一的蛙類與爬行動物，和大約百分之六十的蝙蝠與蝴蝶生活在這片濕熱地帶。

現在，世界上的許多熱帶雨林正在以驚人的速度不斷減少，並面臨著隨時滅絕的危險，而昆士蘭濕熱帶雨林迄今幾乎未受到人類的侵擾。

昆士蘭濕熱帶雨林靜靜地躲在世界的一隅，看世界滄海桑田，默默無語。那恢宏萬千的自然景觀和自在和諧的生物世界，足以引發人類的深思。

特里比萊申角
David Noton／大衛・諾頓

特里比萊申角是澳大利亞境內最大的原始熱帶雨林區，這裡的雨林對生物物種的保護起到了不可替代的作用。

羅托魯阿

Rotorua

逐地熱而居的毛利風情

沖天直上的噴泉是這裡宴客的獨門絕招，熱情的毛利人是使招的能手，還有那火焰山、硫磺泉、盤絲洞……，或許這裡才是上演西遊記的真實處。

羅托魯阿在毛利語中是火山口湖的意思，它是紐西蘭著名的觀光城市，人們說：「沒有去過羅托魯阿，就沒到過紐西蘭。」

羅托魯阿以地熱和溫泉聞名於世，擁有的熱泉和泥漿地多不勝數。一到羅托魯阿，你立即會感到別有洞天。附近地熱區內的間歇噴泉不時射向空中，沸騰的泥漿池不停地散發著刺鼻氣味，地熱池塘熱氣蒸騰，到處彌漫著濃濃的蒸氣和硫磺氣味，置身其中，猶如駕霧騰雲。

羅托魯阿的間歇噴泉也是世界上最壯觀的勝景之一。來自地底深處的高壓地熱，夾帶著水汽噴射而出，直沖雲天，水汽柱最高可達三十公尺，場面蔚爲壯觀。它每天上午十點左右開始噴發，每次持續約十分鐘：先是細小的水汽柱，隨後像放出魔瓶的精靈一樣迅速變大，高潮時，二十多公尺高的水柱直沖雲霄，伴隨著濃烈的硫化氫氣味和煙雲，爆發出令人驚心動魄的呼嘯聲，像一場火山噴發。噴發結束後，一切恢復平靜，走近噴出

香檳湖

John Lamb／約翰・拉姆

熱氣蒸騰的香檳湖湖水中因含有硫磺礦而呈現香檳酒的顏色。懷奧塔普泥漿噴泉在這裡每天上午十點左右從岩石口噴出，持續半小時。

口，看到的不過是一個小小的圓錐形洞口，但因爲噴發時間很短暫，積聚的力量就顯得非常可觀。紐西蘭最大的波胡圖（毛利語意爲「飛濺」）間歇泉在瓦卡雷瓦雷瓦（毛利語意爲「蒸汽上升之地」）的正南方，它噴射的沸水柱達三十公尺高，有時隔幾分鐘便噴射一次，有時則要隔幾個月。每次噴射可持續四十分鐘。

待心定下來，我們可以親眼目睹熱汽蒸騰的火焰山、泥漿翻滾的青蛙池、開水鍋般洶湧的硫磺泉、雲霧繚繞的盤絲洞。在彌漫著白色硫磺氣味的露天溫泉池中浸泡，會讓人有一種說不出的暢快。

羅托魯阿不僅以其豐富的地熱景觀著名，更以其濃厚的毛利文化色彩吸引著世界各地的遊客。

毛利人是紐西蘭的土著人，是這片土地最早的主人。羅托魯阿便是毛利文化的大本營，是毛利人最早定居的地方，號稱「毛利人之鄉」。現在，紐西蘭三分之一的毛利人仍然居住在這裡。世界各地慕名而來的遊客在這名副其實的「異鄉」欣賞獨特的、撼人心魄的毛利歌舞表演，觀看毛利人或古樸或精緻的雕刻、編織等手工藝品，瞭解毛利人的歷史、文化和傳統，再享受一頓地道的毛利大餐，末了，再洗一個據說是世界上最有療效的溫泉泥漿浴，誰都會感受到流連忘返的滋味。

毛利人以「逐地熱而居」而聞名。他們利用地熱煮飯、洗浴和取暖。在紐西蘭，有地熱的地方就有毛利人生活的痕跡，紐西蘭人最早的定居點就是沿著地熱區分佈的。

間歇地熱噴泉、沸騰的地熱泥漿池和毛利人的熱情招待是你在羅托魯瓦的心靈歷練。這裡是紐西蘭歷史最悠久也最有名的旅遊勝地；一代又一代的遊客們絡繹不絕地來到這裡享受溫泉，觀賞壯觀的地熱活動，體驗這個地區獨特的毛利文化。

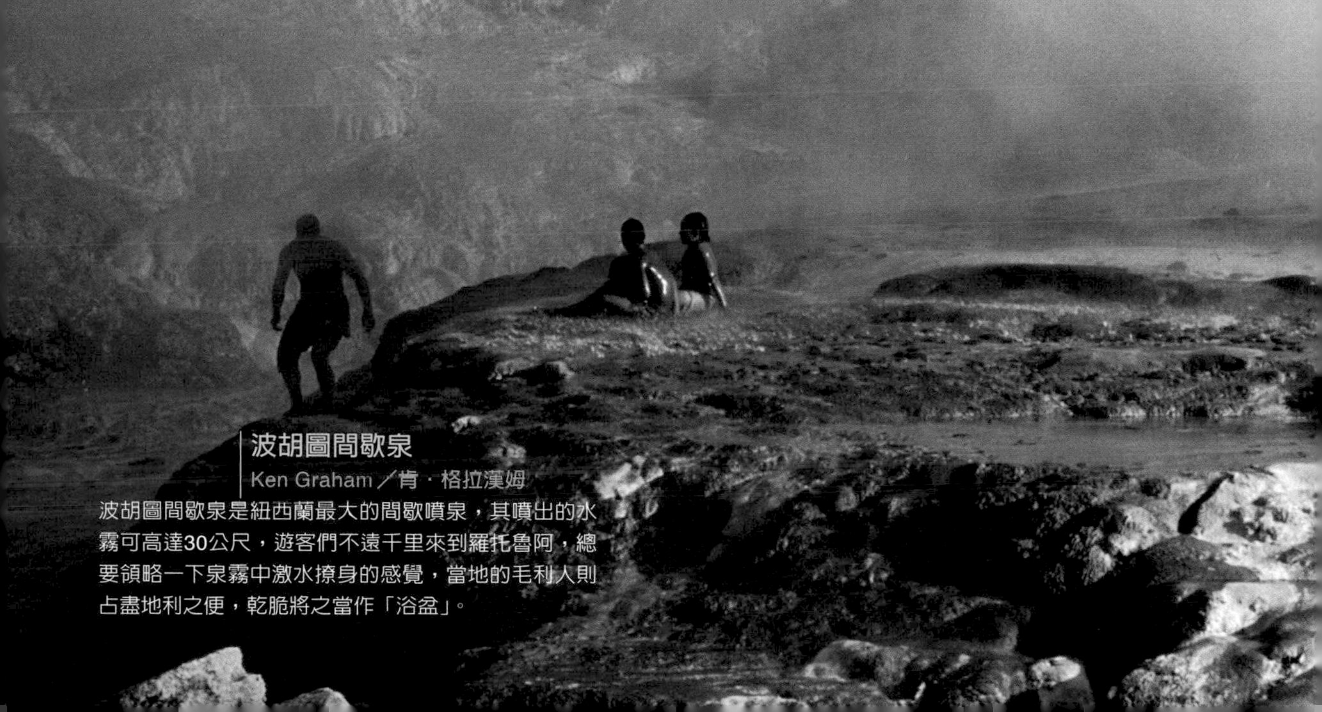

波胡圖間歇泉

Ken Graham／肯・格拉漢姆

波胡圖間歇泉是紐西蘭最大的間歇噴泉，其噴出的水霧可高達30公尺，遊客們不遠千里來到羅托魯阿，總要領略一下泉霧中激水撩身的感覺，當地的毛利人則占盡地利之便，乾脆將之當作「浴盆」。

艾爾斯岩

Ayers Rock

與天等高的「魔石」 這裡包藏了先祖們的精神和靈魂，不論你以何種心情來到這裡，都不要忘了進人家家裡，必須虔誠，必須守禮，要是你帶著被淨化過的心靈離去，那是你的福了。

一八七三年的一天，一位名叫威廉・克里斯蒂・高斯的測量員頂著烈日橫跨荒漠，正當他又饑又渴之際，發現一座與天等高的石山，他還以爲是一種幻覺，難以置信。因爲幸運的發現者來自南澳洲，故以當時南澳州總理亨利・艾爾斯的名字命名了這座石山。

艾爾斯岩高三四八公尺，長三千公尺，基圍周長約十・五公里，東高寬而西低狹，是世界上最大的單體岩石，從周圍的平地上陡然而起。它氣勢雄峻，猶如一座超越時空的自然紀念碑，突兀立於茫茫荒原之上，在耀眼的陽光下散發出迷人的光輝。如今，這裡已闢爲國家公園，每年有數十萬人從世界各地紛紛慕名前來，只爲一睹艾爾斯巨岩風采。

艾爾斯主要由礫石組成，含鐵量高，岩石表面因氧化而發紅，因此又被稱作紅石。在遠古年代，澳大利亞中部大片地區曾被砂岩覆蓋。經過幾千萬年的風雨滄桑，大片砂岩已風化爲沙礫，只有這塊巨岩憑著它特有的

奇異的色彩

Art Wolfe／阿特・沃爾夫

艾爾斯岩獨特之處不僅僅在於它是地球上最大的單體岩石，猶如一座超越時空的自然紀念碑，突兀於茫茫荒原之上，還有它隨著日光和天氣而變化多端的奇異色彩，人稱「魔石」的艾爾斯岩，可謂名副其實。

硬度抵抗住了風雨剝蝕，巋然不動。

這塊地球上最大的單體岩石還被稱爲「魔石」。巨岩最神奇之處是會變色，隨著日光的變化，它會呈現不同的顏色。當朝霞滿天、旭日東昇時，巨岩披上了淺紅色的盛裝；中午時分，巨岩變成橙黃色；當傍晚夕陽西下時，巨岩呈深紅色，在蔚藍的天空下猶如熊熊燃燒的火焰；當夜幕降臨時，岩石又換上了黃褐色的晚禮服。這是晴天的巨岩，而當沙漠下起雨來，據說巨岩又會穿上黑色的「燕尾服」，向人們展示著它的神秘和威嚴。

巨岩的根部有水泡漬的坑洞和繪有土著人畫的岩洞。土著人把岩洞奉爲神明，賦予巨岩許多傳說故事。由於艾爾斯岩恰好位於澳大利亞大陸的中心，當地人便把巨岩看作是澳大利亞的心臟。這塊巨岩在土著人心目中是聖地，許多部落的土著人的成年儀式都要在這裡舉行。巨岩的頂部有大約六公尺深由水流衝擊而成的渠溝，有由於侵蝕而形成的山脊和岩坑。每當雷雨交加時，峰頂坑洞水滿外溢，就會有二四四公尺長的白色瀑布高掛在紅色的岩壁上。岩面上鐫刻著無數平行的直線紋路，形狀像兩端略圓的長麵包。

如果你親身接近了艾爾斯岩，那壯觀雄偉的氣勢不震撼了你的全部細胞才怪。它從每一個角度所表露的赭紅色曲線，也讓人著迷呀。無論黃昏還是清晨，艾爾斯岩似乎隨時都在散發著不可思議的力量，也正如土著人幾萬年以來持久不變的信仰一般，這裡包藏了先祖們的精神和靈魂，不論你以何種心情來到這裡，都不要忘了這裡是土著人的家，必須虔誠，必須守禮，要是你帶著被淨化過的心靈離去，那是你的福了。

荒地袋鼠

Eric／埃里克

艾爾斯岩所在地區是地球上最乾燥大陸的中心地帶，這裡除了強烈的陽光和零星的灌木叢，難得一見野生動物在此露面。當人們看到這隻袋鼠跑過通向艾爾斯岩的道路的時候，應該說是很稀罕的了。

岩塔沙漠

Pinnacles Desert

隨時間改顏的神秘之地

時間能改變一切，風沙借時間之手掩蓋天地的足跡，所以說眼見亦不足以為憑，就連自然也會造假。

如果沒有岩塔，距澳大利亞西南海岸不遠的岩塔沙漠最多是一片飛沙走石的荒蠻之地，永遠不會引起世人的注意。岩塔的出現，給這片沙漠帶來了無盡的神秘滄桑，激發了世界各地的探險愛好者和考古學家的極大興致。

岩塔沙漠永遠是一片死寂，只有風在嗚咽，如泣如訴。如果科幻小說家要寫一部描寫熔岩塔的驚險小說，此地可作爲最理想的背景。這裡風卷流沙，人跡罕至，唯有岩塔林立，才招徠人類的足跡。

那些奇形怪狀的岩塔，在沙漠上投下一個個輪廓鮮明的黑影，景色就像月球表面一樣，令人一見難忘。暗灰色的岩塔高一至五公尺，矗立在平坦的沙面上。往沙漠腹地漸行，灰色逐漸變成金黃。岩塔數目成千上萬，分佈面積約四平方公里。岩塔形狀各異，有些大如房屋，有些則細如鉛筆，有的表面平滑，有的像蜂窩。許多岩塔有了名如其形的名字，比如「鬼影」、「駱駝」、「大袋鼠」等等，給不毛地注入了些許生趣。

在一九五六年澳大利亞歷史學家特納發現它們之前，外界似乎對此一無所知。科學家估計，這些岩塔在二十世紀以前至少露出過沙面一次。因爲，有些石柱的底部發現黏附著貝殼和石器時代的製品，證明這些尖岩可能在六千年前曾被人發現。

岩塔沙漠瀰漫著濃烈的神秘氛圍，即便在當地土著的傳說中似乎也找不到蛛絲馬跡。唯一可以解釋的理由是，沙漠上風吹沙移，會不斷把一些岩塔暴露出來，又不斷把另一些掩蓋起來，因此，幾個世紀以後，這些岩塔有可能再次消失。

時間能改變一切。你的唏噓會油然而生嗎？

神秘的岩柱

Tom Till／湯姆・蒂爾

雖然荒無人跡，不過這個日落時分的岩塔沙漠，林立的岩柱在神秘的氣氛裡還透著一分熱鬧的氣息。

瑙魯霍伊火山

Ngauruhoe

自然與文化的雙重甘泉

年輕就是活力，二千五百歲的年紀雖然不短，但大概就是年輕吧，脾氣還有待收斂呢！

作爲紐西蘭最著名的火山區，湯加里羅國家公園裡分佈著十五座呈線狀排列，向東北延伸，近代活動過或正在活動的火山。有一座火山口常年不息地升起一股巨大的白色煙柱，景象最爲壯觀，幾乎吸引了所有踏上湯加里羅的遊人目光。這就是瑙魯霍伊火山。

瑙魯霍伊火山呈圓錐形，山坡陡峭，頂部是直徑四百公尺的火山口，自十九世紀三〇年代以來，一直處於活動狀態。隔年就有一次劇烈的活動，噴出的火山灰像雨點一樣散落。噴出的熔岩一邊順著山坡流淌，一邊塗改著火山的形狀，在主火山口內重新生成次生火山錐。

就火山的活動而言，瑙魯霍伊火山還在青年時代。該區的火山活動始於二百萬年以前，而瑙魯霍伊火山的輪廓僅在二千五百年以前才形成。

多少年來，紐西蘭土著毛利人一直對瑙魯霍伊火山敬若神明，經常在這裡舉行隆重的祭祀儀式。

一八三九年，英國植物學家比德威爾悄然登上了瑙魯霍伊火山的頂峰，這使當地土著怒不可遏。不知道是不是英國人的粗魯冒犯了神靈，他登山時，火山再次復甦了，並發出「頗像蒸汽機安全閥放氣」的響聲，持續了約半小時。一八八七年，毛利人爲了維護山區的神聖，不讓歐洲人把山分片出售，就以瑙魯霍伊等三座火山爲中心，把半徑大約一．六公里內的地區獻給國家。一八九四年，紐西蘭政府正式掛牌建立湯加里羅公園。

古老的、在現代人看來有些愚昧的信仰拯救了一片大自然；而瑙魯霍伊火山也投桃報李，讓人類飽吸了自然與文化的雙重甘泉。

美如嫁衣

Hideo Kurihara／希多．庫里哈拉

和公園裡的其他火山相比，瑙魯霍伊火山幾乎顯得有些稚嫩——它的形成期在過去的2500年間。但是它的美麗面容卻是其他火山所無法企及的。

南極

Antarctica

詩意駐足之地

對於我們大多數人來講，南極是一個可想而不可及的地方，有著童話般的神秘和詩意。

我們的星球在茫茫宇宙中是一顆蔚藍色的行星，生命之水賦予了它最美麗的容貌。可是，水在地球兩極卻不堪忍受極地的奇寒，凝成一片白色的世界。和北極的浮冰比較起來，南極的冰層氣勢恢宏，更富陽剛之美。冰原無疑是南極最奇麗的景觀，它橫在海面上，邊緣如刀切的截面，奶油般潔白，看去像一個冰淇淋蛋糕盛在藍色的托盤上。而當日出或日落時分，太陽在冰原頂上燃燒，恰似點燃了一支生日蠟燭。

南極洲西瀕太平洋、印度洋和大西洋，是世界上地理緯度最高的洲，約占世界陸地總面積的百分之九．四，由圍繞南極點的大陸、陸緣冰和島嶼組成。直到今日，除了科學研究人員外無常住居民。

賴特干谷

Kevin Schafer／凱文．謝費爾

雖然冰層幾乎覆蓋了整個南極洲，但這裡仍有與整個南極洲地理環境迥異的干谷存在。賴特干谷即是其中一個。賴特干谷中的范達湖，湖底的60公尺深處水溫高達攝氏25度，成為南極奇觀中的「奇觀」。

白茫茫一片的南極大陸看似水分充足，實際上是地球上最乾旱的地區之一。整個大洲年平均降水量僅爲五十五公厘，極點周圍幾乎沒有降水，與撒哈拉沙漠的年降水量差不多；並且，嚴寒使得稀少的降水也基本上都是固態的雪花或雪粒，除了南極半島北端和一些處於較低緯度的島嶼，在暖季有少量降雨外，整個南極大陸根本看不見降雨。研究人員即使是身處冰天雪地之中，仍然感到空氣乾燥難耐，幾乎所有人的嘴唇都會裂出深深的口子，因而南極又有「白色荒漠」之稱。

南極號稱世界的「風極」，烈風終年無休無止，平均風速每秒十七至十八公尺，最大風速可達每秒七十五公尺。巨大的南極冰原就是風源，它不斷用冰雪的軀體冷卻空氣，孕育風暴。沈重的冷空氣在中心區域沿著光滑低斜的表面向四周俯衝下來，雪冰夾帶著沙子滾滾而來，簡直像氾濫的洪水一樣肆虐，人在暴風中就像湍急流水中的一片葉子。大風容易釀成火災，加之缺乏液態水源，一旦著火，勢必造成可怕的災難。因此，防火就成了在南極生活的科學家們最擔心的問題。

笨拙可愛的企鵝是南極的土著居民，也是南極的象徵，爲這個冷落寂寞的冰雪世界帶來了生機。現已發現南極地區約有一億隻企鵝，占世界海鳥總數的十分之一。

羅斯冰架

Kevin Schafer／凱文．謝費爾

南極洲的羅斯冰架是地球上最大的冰架，它是一個巨大的三角形冰筏，幾乎塞滿了南極洲海岸的一個海灣，寬約800公里，向內陸方向深入約970公里，其面積和法國國土面積相當。近年常有冰山從羅斯冰架上斷裂脫落而去，不過這種現象和全球氣候變化沒有太大的關係。

南極海豹
Agri Press／阿格里通訊社

南極海豹過著群居的生活。雌性南極海豹以鱗蝦為食，雄性南極海豹的食物除了鱗蝦外，還有魚類和企鵝。牠們生性好奇，而且性情溫和。

極晝和極夜現象也是南極的標識。在南極點，一年中半年爲極晝，半年爲極夜。

一九一一年，挪威探險家羅爾德・亞孟森率領的探險隊和羅伯特・斯科特帶領的探險隊首次抵達了南極點。爲了紀念這兩個探險英雄，南極點上的考察站就被命名爲亞孟森－斯科特站。至今，已經有二十個國家在那裡建立了科學考察站，科學考察工作者常年與生活在這裡的企鵝、海豹、海燕和諧相處，來自世界各地科學考察站的友鄰們不分國界，不分膚色，親如一家。

無論是科學研究工作者，還是少量的南極探險者，在南極生活都得小心翼翼，除了對自身的保護，對環境的保護意識也在時刻提醒著人們。人類文明進展的每一步，都是建立在歷史的教訓之上的，如果南極不再重蹈以往那些教訓的覆轍，而能成爲人們學習保護環境的課堂，這無疑將是南極與人類的共同福祉。

皇帝企鵝

Art Wolfe／阿特・沃爾夫

皇帝企鵝是企鵝家族中體形最大的一種，向來被人們認為頗有紳士風度，而且憨態可掬，招人憐愛。牠是南極所獨有的企鵝品種。成年皇帝企鵝的頸項周圍有一塊黃色，胸腹潔白，而幼年的皇帝企鵝則渾身灰黑。

大集合

南大西洋上的紮沃多夫斯基島本是一個偏遠寧靜的小島，每年的幾個月，一群群企鵝蜂擁而至，使這裡熱鬧非凡。這些企鵝出雙入對，好像是來此舉行集體婚禮。

抹不去的時間刻痕

CHAPTER 2

WONDERS OF THE WORLD

巴爾米拉城

Palmyra

「東方女王」與一座廢墟

歷史，在斷垣殘壁中發酵，女王與華美的宮殿雖是曾經，但緬懷當年，歷史何嘗不是現在。

綠洲，對荒無人煙的沙漠而言，就意味著水源和生命。在西亞，有一座不爲世人所熟悉的巴爾米拉古城，它位於地中海東岸和幼發拉底河之間的沙漠邊緣的一塊綠洲上，就是現在敘利亞的中部、大馬士革東北二五七公里處的地方。

「巴爾米拉」爲古城名，阿拉伯人稱之爲「台德木爾」。早在西元前十九世紀的一些古樸泥板上，就有關於巴爾米拉的描述。西元前二至一世紀，羅馬與波斯發生戰爭，西亞地區動蕩不安，巴爾米拉人乘機佔領敘利亞，從而壟斷了西亞商道。橫貫歐亞的絲綢之路從這裡經過，它成爲連接波斯灣、地中海與東西方各國的貿易的中心。來往的商人在市內穿梭，將中國的絲綢、服飾和阿拉伯的香料運往西方，同時西方的玻璃器皿、紫荊也由此運往東方，這種繁榮一直持續了一百四十年。

在巴爾米拉歷史上，曾經出現過一位傑出的女王芝諾比婭。芝諾比婭本爲伍得奈斯國王的王后。伍得奈斯幫助羅馬人戰勝波斯，立下赫赫戰功，受封爲羅馬東方軍區長官。「狡兔死，走狗烹」，西元二六六年，伍得奈斯被羅馬人毒死。當時，其子年紀尚小，芝諾比婭代幼子攝政，自封爲「東方女王」，起兵反抗羅馬帝國。她的軍隊一直打到了拜占廷對面的卡爾西頓城，攻佔了東羅馬帝國的陪都亞歷山大。她的次子自封爲埃及王，重

殘柱斷垣

Sylvain Grandadam ／西爾萬・格蘭德丹姆

巴爾米拉城遺址上的柱廊建於西元2世紀哈德良皇帝統治時期，全長1600多公尺。巴爾米拉處於西元1至2世紀幾種文化的交匯處，所以它的藝術和建築能夠把古希臘羅馬的技藝與本地的傳統及波斯的影響巧妙地融合在一起。

新鑄造錢幣，並且拒絕在錢幣上使用羅馬皇帝奧理力安的頭像。

可惜盛景不長，奧里力安大舉反擊，在安提俄克和希姆斯兩次獲得大勝，並於西元二七二年春天攻入巴爾米拉。芝諾比婭回天乏力，只好棄城逃亡，遁至茫茫的沙漠，不幸被俘。奧里力安將芝諾比婭當作戰利品帶回了羅馬，強迫她在凱旋儀式上戴著金鐐銬遊街示眾。受盡屈辱的芝諾比婭被囚禁起來，最終死於監牢。巴爾米拉城遭此重創，再也無力復原，一代名城就此衰落。隨同湮滅的，還有古老的巴爾米拉字母。後世得知巴爾米拉，緣起於一千五百多年之後的一次考古發掘。

逝者如斯，又是二百多年過去了。今天，在巴爾米拉遺址內，我們可以看到柱廊、石刻凱旋門、太陽城大殿、王宮、雕像和貝勒神廟等古代建築遺蹟。雄偉的貝勒神廟坐落在古城的南部，始建於西元卅二年。在主殿前面設有供祭祀用的神壇，它是世界上唯一一處不是居於正中位置的祭台。殿內還保存有大量的浮雕，刻畫了神以及眾多門徒的形象。城內的巴爾米拉大街建於西元二世紀哈德良皇帝統治時期，以方石鋪就，全長一千六百公尺。兩旁聳立著高大的石柱，形成壯觀的柱廊，據說所使用的石料全部從埃及的阿斯旺運來。石柱上托著青石水槽，這就是著名的天廊水道。

從那些混合著敘利亞、阿拉伯、希臘、羅馬等各式風格的建築上，人們可以想見，當時東西方的文化交流是何等繁盛。然而今天的巴爾米拉，只剩下殘垣斷壁在蕭瑟的風中無語佇立，引發人們對歷史的無限幽思。

破敗的凱旋門

Donata Pizzi／多納塔．皮齊

巴爾米拉是敘利亞沙漠上的一片綠洲，是古代最重要的文化中心之一，保存了作為大都市的許多紀念性建築，凱旋門則是對戰功的彰顯和銘記。不過如今的凱旋門如此破敗，也許是當時的建造者沒有想到的。

傑拉什

Jerash

世界上最美麗的「廢墟」破敗的城堡，開得紅艷的花朵，一凋零，一生動，一剛強，一柔弱，老子的道似乎在這古老城市裡得到驗證。

素有「中東龐貝」之稱的傑拉什古城遺址位於約旦首都安曼以北四十八公里處，在吉利亞德山群峰環抱之中。這是一座深受古希臘、古羅馬文化影響的城市，是如今中東地區保存最完整的古羅馬省城。

早在銅器時代中後期，這裡就誕生了絢麗的文明，一直延續到西元前九百年的鐵器時代初期。隨著當地居民向南遷徙，傑拉什首次衰落；西元前三三二年，偉大的亞歷山大大帝到來，傑拉什再度興旺起來；西元前六十三年，羅馬大將龐培的軍隊佔領了傑拉什，一個世紀後，傑拉什按照羅馬建築的風格發展起來，不久歸屬羅馬帝國的阿拉伯省；西元三三二年，拜占廷帝國興起，定基督教爲國教。傑拉什原有的神殿、廟堂被改作基督教堂。直到西元六一四年波斯人入侵，繁榮才中斷；西元六六一年，伍麥葉王朝建立，傑拉什成爲連接首都大馬士革、麥加、麥地那之間通商、朝聖的必經之地，利潤與關稅使城市繁榮起來。西元八世紀中葉，傑拉什喪失了中心地位，經濟倒退。又接連遭幾次強烈地震的襲擊，主要建築和設施倒塌。九世紀時，千古名城傑拉什已經被沙土覆蓋於地下。

一八〇六年，德國旅行家歐里赫．賈斯比爾發現了古城傑拉什。不斷的考古發掘，使沈睡了近千年的古城得以重見天日。

古城中央阿特米神殿遺址上林立的擎天巨杜，每根直

徑都在二公尺左右，高度約二十公尺。這些擎天巨柱不僅是傑拉什古城的鮮明標誌，也可以算是人文奇觀了。

在傑拉什城遍地殘垣之中，有時還會看到一種植物，它只開著一朵花，但這朵花卻紅得非常詭異，其色澤之嬌豔和生命力之頑強，讓人頓生起今夕何夕、此身何處的感慨來。

擎天巨柱

Glen Allison／格倫·阿利森

林立的巨大石柱群如同天工所造，其威嚴雄壯的氣勢使人感到自身的渺小。

吳哥窟

Angkor Wat

荒煙蔓草中隱秘的故事 不知是不是不希望有人打擾這清靜處，才在荒煙蔓草中沈寂許久，所以進入這佛的天地，要清滌全身，要心懷虔誠。

當今柬埔寨歷史文化遺蹟的傲世王牌，當數吳哥古蹟。作爲高棉文化鼎盛時期的物化見證，世界上最大的宗教建築群，它與中國的萬里長城、埃及的金字塔和印度尼西亞的婆羅浮屠並稱東方文化四大奇蹟。看過影片《古墓奇兵》、《花樣年華》的觀眾，都會對吳哥古蹟千百回廊的城堡產生不盡的遐想。

西元八〇二年，嘉亞娃曼二世統一了高棉王國，將首都定在洞里薩湖的北岸，命名「吳哥」。此後歷代國王大興土木，建造宮殿與寺廟，使吳哥逐漸成爲整個高棉人的宗教和政治中心，柬埔寨歷史進入全盛時代。一四三一年，由於泰人的入侵，高棉人棄城而逃，遠赴二四〇公里外的金邊建立了新的首都。泰人在掠奪了古城的大量珠寶後絕塵而去，只留下宮殿和寺廟，被深深地埋藏在洞里薩湖畔的綠色荒蕪裡。

吳哥的清幽沈寂在一八六一年結束了。一位希望在生物科學上有所作爲的法國人亨利・英哈特，意外地將名字留在了考古史上。他在柬埔寨西部叢林中尋獲熱帶動物，忽然，眼前壯麗奇特的景象讓他驚呆了。他在筆記裡寫道：「我們只

借花獻佛

James Martin／詹姆士・馬丁

吳哥窟前的城池水中長有蓮荷，來吳哥窟進香的香客們即在池裡採摘蓮花，用以敬獻佛祖。

有羨慕和崇敬地默視著它，我們無法找出任何的言辭來讚美這座宏偉的建築。」

吳哥古蹟包括吳哥王城和吳哥窟（吳哥寺），占地一一四平方公里，有著數不清的寺廟、城堡、宮殿與花園。這是一組龐大的石建築群，含有許多宏偉的石塔、石屋和大量精美的石刻浮雕，全用石塊壘砌，不見寸金尺木。經過千年的風雨洗刷，那些彷彿屹立在世界之外的建築大部分已是殘垣斷壁。

吳哥窟是其中保存得最爲完整的古蹟。在十二世紀中葉，共有幾十萬人參與了修建，前後費時卅七年，它是吳哥古蹟唯一面向西方的寺廟。吳哥窟周長約五公里，四周環繞城池，池寬二百公尺，城池內有兩道圍牆，還套著一座方形石城，層層回廊縱橫相連，構成一個套一個的正方形。寺的主題建築屹立在全寺正中的截頂式金字塔形三層台基上，台上有五座蓮花蓓蕾形的聖塔。中央塔最高，塔頂距地面六十五公尺。五塔高聳雲天，氣象甚是雄偉。而今，柬埔寨人把它印製在自己的國旗上，成爲柬埔寨的象徵。

塔四面雕刻著婆羅門的頭像。塔的最底一層加廊壁高二公尺，長八百公尺，滿是精細的浮雕，題材多取自印度著名史詩《摩珂婆羅多》與《羅摩衍那》中的神話故事。塔身、塔頂、門樓等都飾以蓮苞形石刻，總數達萬枚以上。可以說，全寺就是一件巨大的藝術傑作。吳哥窟的佈局完美體現了建築學的透視法則，高低長寬比例適中，閃動著對稱和諧的美感。

千里迢迢奔向柬埔寨的遊人，大概都是因著吳哥窟的盛名。在吳哥窟的宮殿穿行，不禁讓人頓生造化弄人的感慨，也渴望弄清，這荒煙蔓草背負著多少故事，多少隱秘。

意味深長的笑容

Grant Faint／格蘭特・費恩特

厚唇，微閉的雙眼，意味深長的笑容，是在迎接遠道而來的客人，其實也是在警惕地探視著四方。像這樣的人面石雕，在吳哥共有二百多尊。

佩特拉

Petra

歷史深處的石頭城

紅色的殘壁，引發一波波考古發潮，沈寂無聲的紅色城堡，用她的無言來回應紛擾各式慾望。

一九八一年，約旦國王侯賽因頒佈法令，用一座歷史文化古城來命名國家通訊社。這座古城就是舉世聞名的「石頭城」佩特拉。

佩特拉在約旦的南部，坐落於胡爾山東部山腳下穆薩谷地之中。其山北部是大名鼎鼎的死海，西部則是巴勒斯坦被占領土和埃及的西奈半島。

許多世紀以來，關於佩特拉，有一則神話故事一直流傳於約旦民間：在南部廣漠的沙漠中間，有一條神秘的峽谷，很久很久以前，一批神人在那裡修建了許多宏偉的建築物，並在裡面藏了無數珍寶。還眞有一代又一代的尋寶者前去探尋，但都敗興而回。直到一八一二年，英國遊客約翰·白克汀特無意中發現了它，佩特拉才浮出台面。於是，佩特拉迎來了近兩個世紀的考古發掘；於是，我們知道了，古羅馬時代，阿都瑪人和奈巴蒂人曾在這一帶棲息生活，並先後建都，使此處成爲中東著名的商業中心。西元一〇六年，它成爲羅馬帝國的一個行省，到了西元七世紀，因阿拉伯人侵入而被遺棄。

遠在二千多年前，是佩特拉的土著居民，在那些淡紅色的砂岩峭壁上雕鑿出了這座城市。

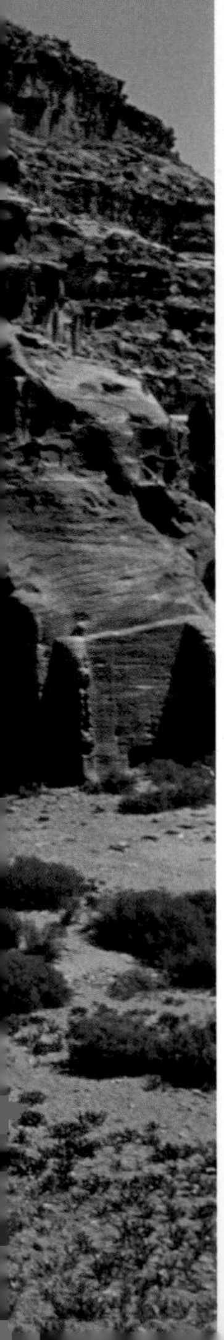

埃德伊爾殿

Yannick Le Gal／楊尼克．勒．加爾

埃德伊爾殿，佩特拉最大的石雕建築，其希臘式門廊高42公尺，寬47公尺，內牆裡面還刻有十字架。

在透迤綿延的穆薩山谷的巨岩中間，一條狹窄彎曲的小道通向佩特拉。小道兩邊的懸崖峭壁高七十至一百公尺，峽谷寬處約七公尺，窄處僅能通過一輛馬車。岩壁上刻有納巴蒂女神杜莎拉的小祭壇和供水的大水槽。佩特拉自古就嚴重缺水，先民們就在峭壁上鑿岩建成供水系統，其艱難可想而知，其精神可說驚天動地。西元三世紀，一位國王將公主許配給了引水英雄，並特別命令工匠們在巨岩上鑿了一個宮殿，名爲本特宮，意爲女兒宮。據考證，女兒宮具有拜占廷式的建築藝術風格，它的南北兩道門各有十二根大石樁，襯托著高達二十公尺的石頭宮殿，氣勢十分雄偉。

現存的卡茲尼陵墓由奈巴蒂人於西元前一世紀鑿成，大門高四十公尺，寬二十八公尺。門面色澤依然鮮豔，讓人禁不住想像當年那鬼斧神工的雕鑿場景。陵墓分上下兩層，三人合抱粗的羅馬式石門柱，上有六根，下有四根。巨岩大廳的壁面至今依稀可辨煙燻火燎的痕跡。這是佩特拉最漂亮的一座石雕建築。

從卡茲尼陵墓前的谷地向右，可見到佩特拉重要的古蹟古羅馬劇場，這是西元二世紀羅馬征服者的傑作。整個劇場依山鑿成，共卅四排，擁有可容納六千名觀眾的階梯形座位。舞台建在一塊大岩石上，周圍有四根粗大的石頭圓柱。現今，那些高大的廊柱雖早倒塌，但無形無色的匠心與氣勢穿透時空，猶讓我輩傾倒。近年來，約旦當局加快了對佩特拉的考察和研究速度。在發掘的七百多處歷史遺蹟中，大部分是神廟或靈廟。

佩特拉的興廢似乎並沒有驚心動魄的、可令人反復咀嚼的事件，但面對斷牆殘壁，人們還是要興起時光無情、人生苦短的慨嘆。

卡茲尼
Glen Allison／格倫·阿利森

卡茲尼是佩特拉最漂亮的一座石雕建築，由於整座建築雕鑿在沙石壁裡，陽光照耀下粉色、紅色、桔色以及深紅色層次生動分明，襯著黃、白、紫三色條紋，沙石壁閃閃爍爍，無比神奇。有故事說曾有強盜在此藏匿珍寶，所以又被人稱為「寶庫」。

王族墓群

David Paterson／大衛．帕特森

佩特拉的庫普特山麓有西元一世紀左右開鑿的科林斯式墓塋、宮殿墓等王族墓群。

泰姬瑪哈陵

Taj Mahal

在水色瀲艷中，以月光沐浴，以聖水濯足，祈求純潔永恆的

大理石塵封的愛情

愛，隨泰姬瑪哈陵的傳說，流傳久久……

是不是印度電影看多了，那個古老而炎熱的國度，感覺就像是熾烈愛情故事的發源地。在它的一座小城，阿格拉，一個塵封了近四百年的美麗而哀淒的愛情故事，就等著我們來開啓。

這個故事源於被稱爲世界七大建築奇蹟之一的宏偉瑰麗的泰姬瑪哈陵。

泰姬瑪哈陵是莫臥兒王朝第五代皇帝沙・賈汗爲其寵妻阿柔曼・巴紐皇后所建造的陵墓。皇后是大臣可汗的女兒，十九歲時和古蘭姆太子結婚，被賜宮廷貴人稱號「泰姬・瑪哈爾」，意爲「宮中首選」。古蘭姆太子就是後來的沙・賈汗皇帝。

美豔傾國的泰姬被皇帝委以掌璽大臣的重任，和丈夫形影不離，即使出征也在一塊兒。一六二〇年，沙・賈汗出發去征討叛變的第康總督羅蒂，泰姬照樣隨行。可惜紅顏薄命，爲沙・賈汗生了十四個孩子的她，在這次征戰途中不幸香魂歸冥，年僅卅九歲。她給沙・賈汗留下了兩點遺言：一、希望沙・賈汗珍惜他們兩人之間的愛情，不要再和任何女子結婚；二、建造一座和她的美貌相稱的陵墓。

悲痛欲絕的沙・賈汗哪有違背之理？一六三一年，泰姬瑪哈陵正式動工，沙・賈汗延請了土耳其、波斯、印度和歐洲國家當時最有名的建築大

泰姬瑪哈陵側影

Paul Harris／保羅．哈里斯

從側面看泰姬瑪哈陵，圓頂在
朝陽下發出燦燦金光。

師主持設計，每天由二萬名工匠參加修建，歷時二十二年，終於建成了這一人間建築的奇蹟。

泰姬瑪哈陵呈長方形，長五八三公尺，寬三〇四公尺，占地面積爲十七萬平方公尺。陵墓寢宮居中，東西兩側各建有清眞寺和答辯廳，對稱均衡，左右呼應。陵的四方各有一座高達四十公尺的尖塔，像是莊嚴肅靜的哨崗，專供穆斯林阿訇祈禱朝拜之用。在通往陵寢的紅砂石甬道旁，花草奇異，灌木濃蔭，似乎在極力調和著隨歲月流逝而日益斑駁的冰冷石頭的顏色。

陵高七十四公尺，爲一個十二面的複雜形體：上部爲一高聳重疊的穹頂，環繞穹頂有三座小涼亭，以蒼天爲背景，猶如一朵飄浮的白雲，人稱「大理石之夢」。中央宮室裡，分別安放著沙・賈汗和泰姬的大理石棺槨，石棺上以翡翠、瑪瑙、水晶、珊瑚和孔雀石等二十餘種五顏六色的寶石鑲嵌出精致的百合花、茉莉花等圖案，色彩華麗，巧奪天工。陵墓純白的大理石，隨陽光的強弱變幻莫測，每逢花好月圓之夜，景色尤爲迷人。正如沙・賈汗所說：「如果人世間有樂園，泰姬瑪哈陵就是這個樂園。」

泰姬歸葬後，沙・賈汗終日失魂落魄，他常坐在離泰姬瑪哈陵不遠的阿格拉城堡的王宮平台上，遙望陵園，追憶往昔的恩愛。

泰姬瑪哈陵開建後不到五年，沙・賈汗的第三個兒子篡奪了王位，把他囚禁在阿格拉城堡中。從清晨到黃昏，從黃昏到清晨，這個老邁去勢的國王，只能透過窗櫺悽楚地望著華麗的陵墓，似乎還能找到些許浪漫與權勢的幻覺。七年後，他終於與愛妻並葬在一起，傳奇遂成歷史。

一座非凡的建築傑作，一段淒美的愛情佳話。

濯足祈禱

Paul Harris／保羅．哈里斯

在很多人心裡，泰姬瑪哈陵是一個王朝建築藝術的代表；在另一些人心裡，泰姬瑪哈陵則是純潔愛情的象徵，在陵前的「聖水」中濯足是否會給自己帶來幸福的愛情呢？

其實如虛，其虛如實

Pete Turner／皮特・特納

泰姬瑪哈陵和花園及水中倒影相互輝映融合，在不同時間和不同的自然光線中顯現出不同的特色，加上其和諧的對稱性，使人如入仙界。

耶路撒冷

Jerusalem

「聖城」還是「戰城」 烽煙，似乎從不曾間斷；戰爭，為神？為人？這片遍體鱗傷的土地，若是有知，是不是會說：「讓我喘口氣吧！」

若問地球上最令人神往又最令人恐懼的城市在哪裡，答案似乎無須費力猜測。

耶路撒冷，時間巨浪洗淘人間五千年滄桑，它恍如上天的一滴眼淚，滴落在地中海東岸巴勒斯坦中部四座小山上。古代阿拉伯人習慣叫它「古德斯」，意即「聖城」；古代希伯來人以「耶路撒冷」稱之，意即「和平之城」。名稱也許只是一種善願，一部耶路撒冷的發展史，幾乎每一頁上都充滿了仇恨和廝殺。根本原因是，複雜的歷史使猶太教、基督教和伊斯蘭教信仰者都把它奉爲自己教派的「聖地」。

今天的耶路撒冷總面積一五八平方公里，分新舊兩個城區。新城區在西，是十九世紀後的產物，比舊城區大幾倍，滿目現代化建築。舊城區由一道高高的城牆團團圍住，耶路撒冷揚名於世的宗教聖蹟大多集中於此。

據猶太教經典《舊約》記載，西元前十三世紀，猶太人在首領摩西帶領下，逃出了埃及，來到巴勒斯坦定居。西元前十一世紀，大衛建立以色列王國，定都耶路撒冷。大衛的兒子所羅門繼承王位後不久，在耶路撒冷城內的錫安山上修建了一座猶太教聖殿，爾後的歲月裡，這裡遂逐漸成爲猶太教徒心中的聖地。但此後，直到今天，這裡的三千多年光陰卻爲歷代猶太教徒的傷心所重重籠罩。西元前五八六年，巴比倫人攻佔了耶路撒冷，一把火將聖殿燒毀。重建後，西元一至二世紀，羅馬人又將其毀滅，絕大部分猶太人被趕出巴勒斯坦地區。此後，聖殿始終未能恢復重建。後

苦難靈魂的神聖寓所
Eric Meola／埃里克．米奧拉

耶路撒冷在人類的相互傾軋殘殺中走過了數十個世紀的不平凡歷程，時至今日，和平之聲對它來說依然渺茫，然而虔誠的靈魂依然不變地將這裡當作自己的神聖寓所。

來，在聖殿的廢墟上，猶太人用大石頭疊起一道長四十六公尺的城牆，稱為「哭牆」。猶太人將眼淚吞往肚中，將禮拜獻給無語的石頭。

基督教與耶路撒冷的不解之緣可在《聖經》中尋其蹤跡。據《聖經》記載，西元一世紀中葉，教主耶穌降生在耶路撒冷南郊一個叫馬赫德的山洞裡，現在，那裡就建有馬赫德教堂。耶穌年輕時曾在耶路撒冷求學，後又在這裡佈道，最終被猶太當局釘死在城外的十字架上，並埋葬在那裡。傳說耶穌死後三天復活了。西元三三五年，古羅馬皇帝君士坦丁一世的母親在耶穌的墓地上修建了一座教堂，名為復活教堂。

耶路撒冷與伊斯蘭教又有千絲萬縷的聯繫。據該教聖典《古蘭經》記載，西元七世紀初，先知穆罕默德在麥加城傳教受阻，一天夜裡，他從夢中被喚醒，乘騎由天使送來的一匹牝馬，來到耶路撒冷。在這裡，他踩在一塊聖石上，飛上了七重天。他在受到上天啓示後，當夜又趕回麥加城。從此，耶路撒冷成為伊斯蘭教僅次於麥加、麥地那的第三聖地。

幸運成為聖地的耶路撒冷又是多麼不幸，自古以來，教派間不知在這兒進行過多少次殘酷的征戰。在一〇九六至一二九一年間，就發生過七次十字軍東征的戰爭。據考證，耶路撒冷先後有十八次被夷為平地又被重建！一九四七年，聯合國接管了它。但在第二年，以色列佔領了新城區；一九六七年，又佔領了老城區，並宣佈耶路撒冷為以色列的永久首都。一九八八年，巴勒斯坦國獨立時，亦宣佈耶路撒冷為其首都。

紛爭不知何時才能了結。作為遊人，醉心的是宗教的肅穆和建築的精湛，祈禱的是聖城不要再做戰城。

正午的祈禱

Erica Lansner／埃里克・蘭斯納

正午時分，虔誠的信徒們正在坦普爾山的阿克薩清真寺進行祈禱。

麥加

Mecca

心心繫之穆斯林

一生一定要到一次的地方，千百年來，麥加已成為穆斯林心靈的休憩所。

麥加，一個令全世界所有虔誠的伊斯蘭教徒激動不已的地方，當今伊斯蘭教的第一聖城，坐落在沙烏地阿拉伯西部的易卜拉欣涸河的峽谷中。它與麥地那和耶路撒冷並稱爲伊斯蘭教三大聖城。這裡群山阻絕，水源稀少，「麥加」在阿拉伯語中就意爲「吮吸」，可見飲水困難早是一個歷史問題。

但信徒們毫不在乎飲水的貧乏，他們爲著心靈的洗禮源源趕來。按照伊斯蘭教的教義，凡有經濟能力、身體條件許可的穆斯林，有生之年必須要到麥加朝覲一次，以示自己是眞主阿拉的忠誠信徒。每年，總有一百二十多萬穆斯林不遠萬里從世界各地奔赴這個心目中的神聖所在。儘管一路上要經受許多考驗，開銷也十分巨大。回曆十月一日至十二月十日是穆斯林的朝覲期，這段日子是麥加城最繁華喧鬧的時候。朝聖者匆匆的腳步過處，一路上塵土飛揚；不同膚色、不同語言的穆斯林，一律懷著聖潔的信念。城內，到處是露天搭起的臨時帳篷，白色的帳篷一直綿延到城外的山坡上。除了少數有錢人能住得起旅館外，絕大多數的朝聖者就是這樣席地而居的。此情此景，讓人不由地對穆斯林的虔誠信仰心懷崇敬。

一切緣起於西元五七〇年，伊斯蘭教創始人穆罕默德誕生於此，並在這裡建立和傳播伊斯蘭教。這裡是穆斯林世界的「諸城之母」，只對穆斯林開放。城內最負盛名的建築，是坐落在城中央的大清眞寺。寺內廣場中央，有一座高大的石殿，稱爲天房，又叫做「克爾白」，傳說是眞主阿拉住過的房子。全世界所有的穆斯林平時做禮拜時，都要朝向這裡，從伊斯蘭教創建以來的時間裡，年年如此，從未間斷。

繞「天房」而拜

Nabeel Turner／納比爾．特納

沙特漢志省的麥加城是伊斯蘭教的第一聖地，麥加的「天房」是伊斯蘭教徒的第一聖物。這座「天房」是供奉「天主」的，用黑色錦幔圍罩著，每年都有無數教徒來此朝拜。

聖索菲亞大教堂

Hagia Sophia

兩教共和的感動

穆斯林與基督徒們終於能喘口氣了！這裡沒有聖地的緊張氣氛，沒有一發不可收拾的血腥衝突，這裡，是真正神的聖地。

「古建築是凝固的歷史」，這種說法在聖索菲亞大教堂上得到了有力的印證。

聖索菲亞大教堂是土耳其西北邊陲歷史文化名城伊斯坦堡的重要遺蹟，閱盡歷史的變遷。西元前六六〇年，希臘人在伊斯坦堡建都，書寫了拜占廷文化，開始修建神廟。西元三三〇年，羅馬帝國遷都於此，君士坦丁大帝在異教徒神廟的舊址上建起了最初的聖索菲亞大教堂，幾經興廢，現所見爲西元六世紀東羅馬帝國查士丁尼大帝的傑出奉獻。

一四五三年，伊斯坦堡變成了奧圖曼帝國的首都，聖索菲亞大教堂一度被改爲清眞寺，周圍矗起四座高塔。當土耳其軍隊打開了君士坦丁堡的城門時，爲了報攻城之難，土耳其皇帝下令槍殺三日，金銀財寶恣意搶奪，唯一沒有動的就是聖索菲亞大教堂。或許，是那宏偉的傑作征服了每個士兵；或許，他們不由地也去尋找精神寄託。

「聖索菲亞」在基督教裡是「上帝的智慧」的意思。這座精美絕倫的教堂是古代世界建築藝術的珍品，對於以後的建築產生了重大影響。十七世紀時，有人提出了現代「世界七大奇蹟」，聖索菲亞大教堂就是其中之一。

教堂規模宏大，東西長七十七公尺，南北寬七十二公尺。大圓頂直徑三十三公尺，由四根二四．三公尺高的柱子支撐，當你仰頭望去，很快就

隔水眺望大教堂
Louis Grandadam／路易斯・格蘭德丹姆

聖索菲亞大教堂六根柱子直指青天，顯示著宗教精神的高蹈；登上教堂則可以遠眺博斯普魯斯海峽，教堂寬廣的視野是與其相容並蓄的胸懷相適應的。

頭暈目眩。前部是一個華麗的庭院，經過三聯門便到了外前廊，其後就是闊大的大前廊，分為兩層。

教堂內部空間極其宏偉，大小半圓頂錯綜變化。特別是中央大圓頂沒有明顯的支點，加之組成穹頂的四十個柱子下部開設了四十個窗子，當人們置身那幽暗的大殿中，斜射的陽光穿過窗戶照到大殿中，眼中便會出現黑白交錯的圖案，讓人產生宛如飄浮在空中一般的美妙感受。

牆身內部，各處都貼上彩色的大理石，有白、綠、藍、黑、紅等顏色。柱子大多是綠色的，柱頭上鑲金箔，地面用彩色碎石鋪成各種圖案，拱頂與圓頂則為玻璃綿石，並用金子鑲嵌了天使及聖徒像。內牆油面上的天使向教徒們描繪了天國幸福、安詳而和平的景象。整個大廳顯得璀璨奪目，神奇非凡，充斥著一種神秘而肅穆的氣氛。而牆身外抹灰泥，作黑白相間的條帶，使外形看來樸實典雅。

由於自然採光的亮度與大廳面積不成比例，大廳甚是陰暗，加之千餘年積累的濃厚宗教氛圍，給人一種莫名的壓抑和恐怖感。氣勢的磅礴，設計的高超、藝術的精美、氣氛的神秘，充分映射出古人對神靈的敬畏，對天堂的神往。

一九三二年，土耳其國父凱末爾將聖索菲亞大教堂改成博物館，伊斯蘭教和基督教在此共和了。仰望掛在圓頂上、寫著阿拉伯文金字「穆罕默德」的大圓盤，和更高處聖母抱基督的馬賽克拼貼自然地融為一體，那種感動，遠比世界上任何一座宗教建築更令人心潮澎湃。

神聖的光芒

Robert Frerck／羅伯特・弗雷爾克

神聖的光芒從教堂穹頂的窗戶射入，交織在一起而營造出一種神秘的氣氛，似乎上帝在此刻降臨。

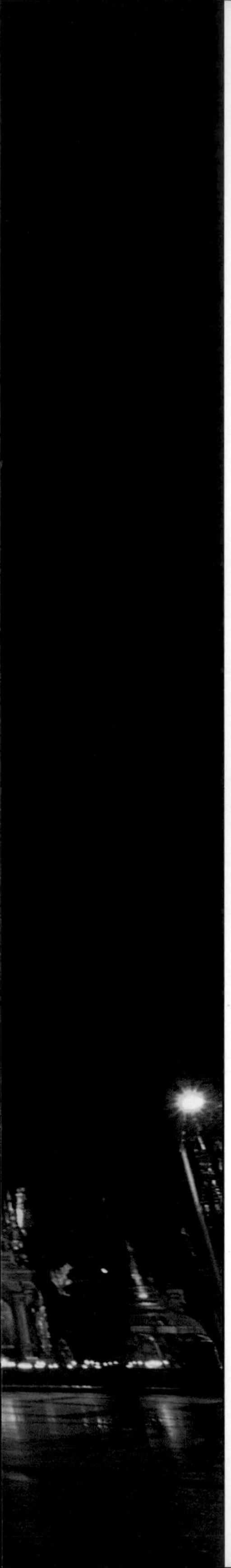

仰光金塔

Shwedagon Pagoda

心靈皈依者的精神指向

你不得不說以金子打造的佛之地未沾染了世俗的貪嗔痴，反倒是世人污了它，看，日光之下，佛光不是普照了嗎！

作爲當今世界佛教氣氛最爲濃厚的國家之一，緬甸的人民最驕傲的國家象徵，便是金碧輝煌、雄偉莊嚴的仰光金塔。它與印度尼西亞的婆羅浮屠塔、柬埔寨的吳哥寺齊名，並稱世界三大佛塔。

金塔屹立在仰光市北茵雅湖畔的聖山之上，始建於五八八年。據傳，緬甸商人科迦達普陀兄弟倆去印度經商，巧遇佛祖釋迦牟尼。他們向佛祖敬獻蛋糕，佛祖賜給他們八根頭髮。兄弟倆歷盡千辛萬苦返回緬甸時，可惜佛髮只剩下四根。他們把佛髮獻給緬王奧加拉巴。在緬王幫助下，他們修築了高二十公尺的大金塔，把佛髮珍藏於內。這一美麗而偉大的建築隨著時間的演進，也漸趨完善：十五世紀，德彬瑞蒂王曾用相當於他和王后體重四倍的金子和大量寶石對金塔作了修整；一七七四年，阿瑙帕雅王的兒子辛漂信王把塔身加高到現在的高度（一百一十二公尺），並在塔頂安裝了新的金傘；一九八九年，緬甸政府拓寬了四條走廊式的入口通道，並在東南西北四方均安裝了有玻璃窗的電梯。歷次修建，皆顯示了傑出的建築匠心。千百年來，仰光金塔一直是全世界佛教信仰者心靈中的聖地。

夜色中的金塔

Nevada Wier／內華達・威爾

夜色深邃，大金塔猶如一口覆在地上的巨鐘。人們在大金塔前的廣場上駐足仰望時，心中湧起的該是怎樣的感覺？

塔內用磚砌成，形似巨鐘倒置；塔身用一千多張純金箔貼裹，所用黃金計有七千多公斤；全塔四周還掛有一．五萬多枚金、銀鈴，風吹鈴動，脆悅八方；塔頂全用黃金鑄就，上置千餘公斤重金屬寶傘，四周鑲嵌著六六四顆紅寶石、五五一顆翡翠和四四三顆金剛石。在陽光照耀下，極盡輝煌，華美絕倫，彷彿集世間瑰寶之大成。

金塔中還供奉著一尊凝重端莊、神采動人的玉石雕刻的坐臥佛像。塔的東南西北四個大門前，各有一對石獅，昂視遠方，氣勢雄偉。塔的四周環繞著六十四座小塔，其壁龕裡都設有一尊尊大小不同、形態各異的玉佛。在金塔的東南角，有一棵菩提古樹，相傳是從印度釋迦牟尼金剛寶座的聖樹圃中移植來的。東北角和西北角，各有一口古鐘。一八二四年，英國殖民者想把其中一口劫走，裝船時，緬甸人將鐘沈入海底。英國人多次打撈，費了九牛二虎之力，也未能奏效。英軍走後，緬甸人把古鐘撈起，重新放置在大金塔的西北角，供人觀瞻。如今，遊人都會興致勃勃地拿起木棍敲擊古鐘，以祈求佛祖保佑自己心想事成、吉祥如意。

佛教是一種心靈的皈依，最推崇心的虔誠。來仰光金塔拜佛，所有人必須赤腳，即使國家元首也不例外。這，也許就是佛教所張揚的「眾生平等」最佳註解吧。

仰光金塔，人世間價值最爲昂貴的佛塔，無疑外化了千餘年來心靈皈依者的精神指向。它穿越了茫茫歲月，飽覽了世事滄桑，經受了風雨侵蝕，依然佛光普照，巍然矗立在人們的精神視野中。

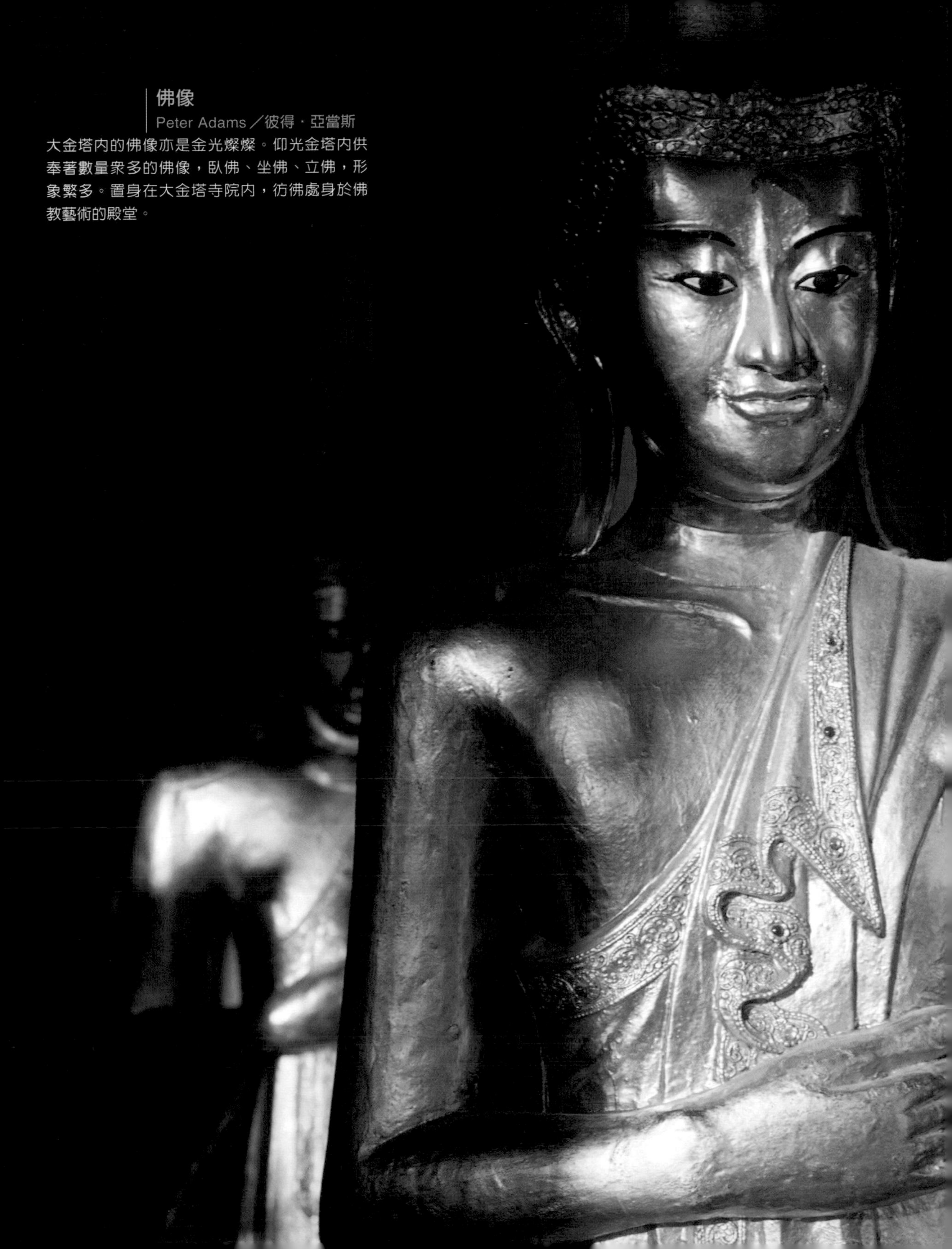

佛像

Peter Adams／彼得・亞當斯

大金塔內的佛像亦是金光燦燦。仰光金塔內供奉著數量眾多的佛像，臥佛、坐佛、立佛，形象繁多。置身在大金塔寺院內，彷彿處身於佛教藝術的殿堂。

金字塔

Pyramids

地球文明的遺囑

想起金字塔你會想到什麼？法老的詛咒、外星人曾來過、埃及豔后，還是少女心中，夢想穿越時空，如漫畫《尼羅河的女兒》的女主角般，來場生死愛戀呢？

在埃及金字塔幽深的墓道裡，刻著一句莊重威嚴的咒語：「誰打擾了法老的安寧，死神的翅膀就將降臨在他頭上。」數千年的屹立，金字塔就像是刺向青天的太陽光芒，它的魅力不僅僅是恐怖的咒語、離奇的猜測、令人驚異的考古發現，更是人們對於它執著的嚮往與癡迷。

金字塔，阿拉伯文意爲「方錐體」，它是一種方底、尖頂的石砌建築物，是古代埃及埋葬國王和王后的陵墓。由於從四面觀看都頗似漢字中的「金」字，中文遂譯爲「金字塔」。西元前五世紀，古希臘著名歷史學家希羅多德在遊歷埃及時留下關於金字塔的最早文字記載。可以說，金字塔見證了古埃及從西元前三一五〇年完成統一，到西元前三三二年被古希臘征服的近三千年輝煌燦爛的文明。迄今，埃及共發現金字塔九十七座，其中開羅西部吉薩高地上的金字塔最爲著名，尤其是胡夫大金字塔，被古希臘作家安提帕特尊爲世界七大奇蹟之首。截至一八八九年巴黎埃菲爾鐵塔落成前的人類歷史漫長歲月中，金字塔一直是地球上最高的建築物。

金字塔的高度不斷增加，以五十二度的斜面直插天際，這是國王企圖讓亡靈進入天堂的願望的反映。在後來發現的《金字塔銘文》中有這樣的話：「爲他（法老）建造起上天的天梯，以便他可由此上到天上。」同時，角錐體金字塔形式又表示對太陽神的崇拜。當你站在通往基澤的路

兩爪之間的石碑
Carolyn Brown／卡羅林・布朗

司芬克斯獅身人面雕像的兩爪之間有一塊長方形的花崗岩石碑，為埃及第十八王朝的一位法老王所立，上面的內容描敘了他為獅身怪獸清除沙堆的事蹟。

上，在金字塔棱線的角度上向西方看去，可以看到金字塔身上有撒向大地的太陽光芒。

沿著金字塔崎嶇幽深的走廊一直向前，穿過一道道的石門，考古學家曾驚奇地發現保存完好的法老及其王后的風乾屍骨，這就是舉世聞名的木乃伊。在古埃及人的信仰中，木乃伊是在肉體死亡之後爲靈魂開啓通往永生大門的唯一途徑。可以說，金字塔從某種意義上講，就是法老爲了保存、安放自己的肉身而不惜耗費驚人的人力、財力進行的空前的工程。然而，如果沒有埃及人這種對於靈魂的信仰，對於太陽的膜拜，今天的人們是沒有福氣看到矗立於尼羅河流域的這一偉大的建築群的。

五千多年後，人類再次站在金字塔前，依然能感到撲面而來的莊嚴、沈靜和凝重。我們腦中有先進的技術、豐厚的知識，卻無法破解古埃及人五千年前留下的這道蒙著面紗的建築之謎。也許解不開才是金字塔永恒的魅力，就像刻在墓陵的走廊裡法老的詛咒一樣，一個多世紀以來，凡曾進入法老墓穴的人，無論是探險家、盜墓者還是科學家，絕大多數不久便染上不治之症或因意外事故，莫名其妙地死去。難道眞是法老的詛咒顯靈？人們不得不開始懷疑和畏懼。金字塔也就愈加神秘，正因爲神秘，也就越來越吸引著世界上更多好奇、關注的目光。

金字塔，一個地球偉大文明的遺囑，一個永難解開的謎！

三代陵墓

Hugh Sitton／休・希頓

這三座金字塔，皆建於古埃及第四王朝時期，是胡夫、哈夫拉和門卡烏拉祖孫三代法老的陵墓，恰恰是古埃及由興盛到衰敗的象徵。

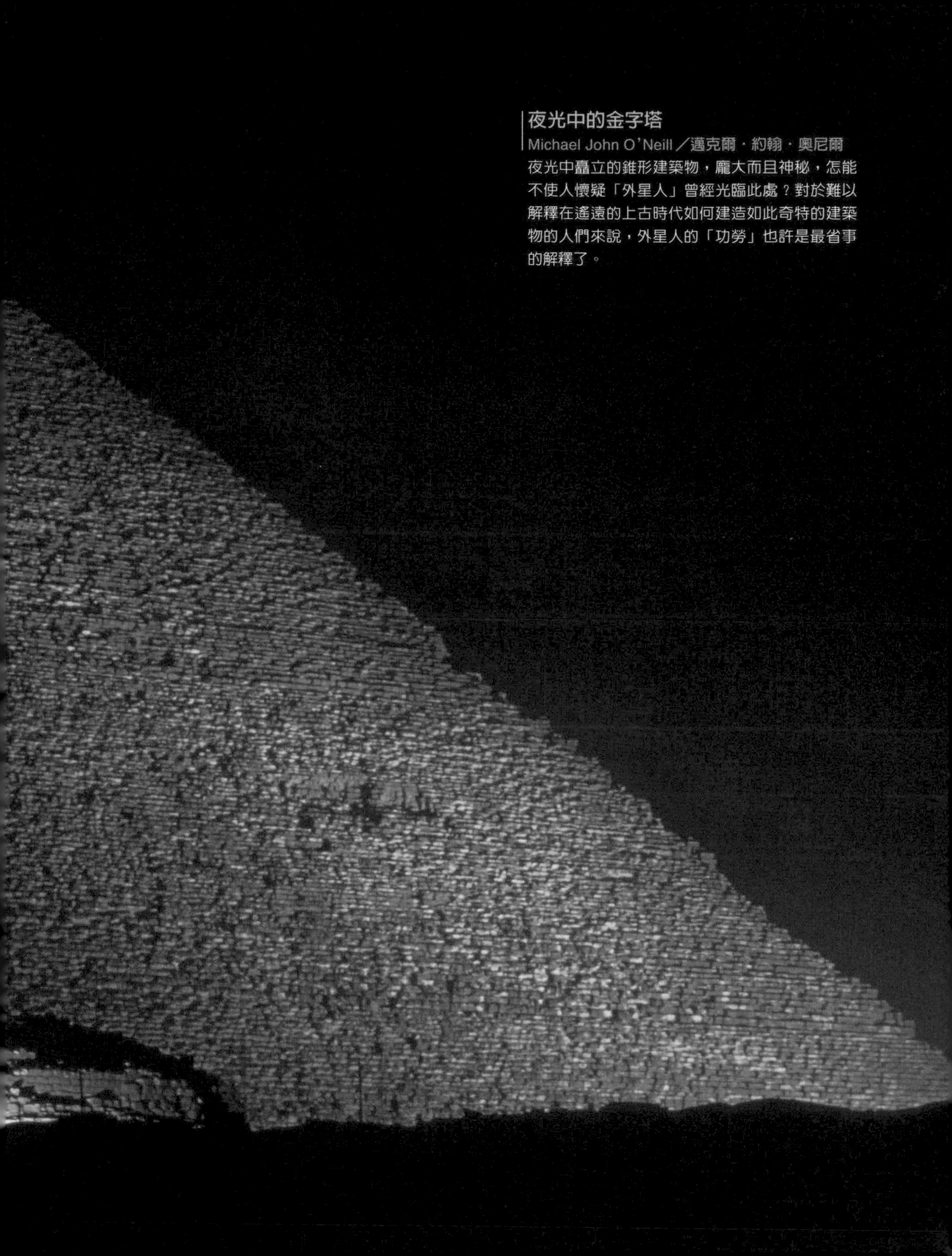

夜光中的金字塔

Michael John O'Neill／邁克爾．約翰．奧尼爾

夜光中矗立的錐形建築物，龐大而且神秘，怎能不使人懷疑「外星人」曾經光臨此處？對於難以解釋在遙遠的上古時代如何建造如此奇特的建築物的人們來說，外星人的「功勞」也許是最省事的解釋了。

卡納克神廟

Temples of Karnak

太陽照耀的古老文明 精神在物質的重量下就變得壓抑，而這壓抑之感，正是神靈崇拜的起始，這亦是卡納克神廟藝術構思的基點。

埃及的古蹟似乎總是佇立在時間的另一端。卡納克神廟的故事就始於三千八百年以前。

那時候，西克索斯人統治著埃及，埃及王室避難於一個叫底比斯的地方，並領導反抗異族的鬥爭。當他們重新奪回領地，底比斯就成了新王朝的都城，埃及也進入了最強盛的時期。據說，當時的底比斯有城門一百多座，惹得希臘大詩人荷馬吟詩讚嘆：「一百扇城門的底比斯！」統治者依循太陽東升西沈的規律，開始在尼羅河的東岸修建宮殿、廟宇，將西岸劃爲墓地。

偉大的廢墟

Gavin Hellier／加文・赫利爾

從南面看卡納克神廟，方尖碑、廢墟以及聖湖組成的畫面依然可見當年的輝煌。

西元前七世紀，亞述征服了埃及，底比斯從此日趨衰落。歷經二千餘年的天災戰火，大多數宮殿和神廟將輝煌留在了歷史的沓晃。如今，底比斯古城遺址成了埃及古老文化的代表性遺存。而它，主要就以埃及境內現存最大的廟宇遺址、底比斯保存得最完整的建築群卡納克神廟而享譽尊榮。

坐落在尼羅河中游東岸的卡納克神廟，凝聚了古埃及建築藝術的精華。它因其浩大的規模而揚名世界，是地球上用最大的杜子支撐的寺廟。具體地說，卡納克神殿的體積可以裝下一個巴黎聖母院，占地超過半個曼哈頓城區。

卡納克神廟始建於西元前一八七〇年，是古埃及法老獻給太陽神阿蒙、自然神和月亮神的廟宇。後經歷代法老的不斷修建，形成了一個長一·五公里、寬八千公尺的龐大建築群。到西元前一五六七年埃及王朝定都底比斯後，卡納克已成爲全埃及最大的神廟。此項紀錄一直保持到今天。

建築群的中間部分，是祭祀眾神之首阿蒙太陽神的廟宇，主殿面積約五千平方公尺，總長三三六公尺，寬一一〇公尺。前後一共造了六道大門，而以第一道爲最高大，高四三·五公尺，寬一一三公尺，人們進出如若蟻蟲。殿內有一四〇根石柱排列成十六行，居中的兩排十二根圓柱高達二十四公尺，直徑達三·六公尺，杜頭呈倒鐘形，蓮瓣紋飾，雄奇壯美，杜頭可站立百人。杜上刻有象形文字，巨大的法老雕像隨處可見。神廟的塔門高達卅八公尺，面向尼羅河，氣勢極其宏偉。

多柱廳

Richard Passmore／理查德．帕斯莫爾

通過神廟中拉美西斯二世修建的第二座塔門，可以通向多柱廳。多柱廳中有一百四十根石柱排列成十六行，居中的兩排十二根圓柱高達二十四公尺，直徑達三．六公尺，柱頭可站立百人。

神廟最裡面，是當時召開慶祝會的大廳。帝國的全盛時期，也是埃及藝術的黃金年代。經濟的繁榮、生活的奢侈，在屋頂彩繪中得到了淋漓盡致的表達。大廳列柱的建築形式，源自希伯來的建築風格，在規則中呈現流暢的建築旋律。三千五百年前，大廳對面本來是三尊雕像，到了西元五世紀的基督教時代，雕像被打掉，改成了一個十字架。

只有在卡納克神廟現場，才會眞切地感受到什麼叫震撼人心。精神在物質的重量下就變得壓抑，而這壓抑之感，正是神靈崇拜的起始，這亦是卡納克神廟藝術構思的基點。

羊首司芬克斯大道

James Strachan／詹姆士．斯特羅恩

盧克索神廟是埃及的又一重要神廟，它和卡納克神廟相距約二公里，由羊首司芬克斯大道連接。

國家圖書館出版品預行編目資料

一生不可錯過的世界奇景（亞非篇）／任亦斌
主編.── 初版. ──臺中市 ：好讀, 2005[民 94]
面： 公分，──（視樂園;03）

ISBN 957-455-910-6（平裝）

718.4 94015189

圖片提供：

Imaginechina
深圳超景圖片有限公司

日知图书 http://www.rzbook.com

視樂園 03

一生不可錯過的世界奇景（亞非篇）

編　　者／任亦斌
總 編 輯／鄧茵茵
文字編輯／葉孟慈
美術編輯／歐米創意設計
發 行 所／好讀出版有限公司
台中市 407 西屯區何厝里 19 鄰大有街 13 號
TEL:04-23157795　FAX:04-23144188
http://howdo.morningstar.com.tw
e-mail:howdo@morningstar.com.tw
法律顧問／甘龍強律師
印製／知文企業（股）公司 TEL:04-23581803
初版／西元 2005 年 10 月 1 日

總經銷／知己圖書股份有限公司
http://www.morningstar.com.tw
e-mail:service@morningstar.com.tw
郵政劃撥：15060393
台北公司：台北市 106 羅斯福路二段 95 號 4 樓之 3
TEL:02-23672044　FAX:02-23635741
台中公司：台中市 407 工業區 30 路 1 號
TEL:04-23595819　FAX:04-23597123

定價：299 元

Published by How Do Publishing Co.LTD.
2005 Printed in Taiwan
ISBN 957-455-910-6

讀者迴響

書名：一生不可錯過的世界奇景（亞非篇）

1. 姓名：＿＿＿＿＿＿　□ ♀　□ ♂　出生：＿＿年＿＿月＿＿日
2. 我的專線：（H）＿＿＿＿＿＿　（O）＿＿＿＿＿＿
   FAX ＿＿＿＿＿＿　E-mail ＿＿＿＿＿＿
3. 住址：□□□＿＿＿＿＿＿＿＿＿＿＿＿
4. 職業：
   □學生　□資訊業　□製造業　□服務業　□金融業　□老師
   □ SOHO族　□自由業　□家庭主婦　□文化傳播業　□其他＿＿＿＿
5. 何處發現這本書：
   □書局　□報章雜誌　□廣播　□書展　□朋友介紹　□其他＿＿＿＿
6. 我喜歡它的：
   □內容　□封面　□題材　□價格　□其他＿＿＿＿＿＿
7. 我的閱讀嗜好：
   □哲學　□心理學　□宗教　□自然生態　□流行趨勢　□醫療保健
   □財經管理　□史地　□傳記　□文學　□散文　□小說　□原住民
   □童書　□休閒旅遊　□其他
8. 我怎麼愛上這一本書：

＿＿＿＿＿＿＿＿＿＿＿＿＿＿＿＿＿＿＿＿

＿＿＿＿＿＿＿＿＿＿＿＿＿＿＿＿＿＿＿＿

＿＿＿＿＿＿＿＿＿＿＿＿＿＿＿＿＿＿＿＿

★寄回本回函卡

將可收到晨星出版集團最新書訊（電子報）及相關優惠活動訊息。

『輕鬆好讀，智慧經典』

有各位的支持，我們才能走出這條偉大的道路。

好讀出版有限公司編輯部　謝謝您！

請填妥後對折裝訂，直接投郵即可，免貼郵票。

廣告回函
台灣中區郵政管理局
登記證第3877號
免貼郵票

好讀出版社　編輯部收

407 台中市西屯區何厝里大有街13號1樓
電話：04-23157795　傳眞：04-23144188
E-mail:howdo@morningstar.com.tw

新讀書主義一輕鬆好讀，品味經典

請沿虛線摺下裝訂，謝謝！

更方便的購書方式：

1.網站：http://www.morningstar.com.tw
2.郵政劃撥　帳號：15060393　戶名：知己圖書股份有限公司
　請於通信欄中註明欲購買之書名及數量
3.電話訂購：如爲大量團購可直接撥客服專線洽詢
　◎如需詳細書目可上網查詢或來電索取
　◎客服專線：04-23595819-232　傳眞：04-23597123
　◎客戶信箱：service@morningstar.com.tw